路物语书系

总主编 李炳武

陕西考古博物馆

王小蒙 主编

揭示本源
探索未知

西安出版社

图书在版编目（CIP）数据

揭示本源　探索未知：陕西考古博物馆 / 王小蒙主编. — 西安：西安出版社, 2023.4
ISBN 978-7-5541-6819-6

Ⅰ. ①揭… Ⅱ. ①王… Ⅲ. ①文物—介绍—陕西
Ⅳ. ①K872.41

中国国家版本馆CIP数据核字(2023)第069626号

揭示本源 探索未知
陕西考古博物馆
JIESHI BENYUAN TANSUO WEIZHI
SHAANXI KAOGU BOWUGUAN

王小蒙　主编

出 版 人：屈炳耀
出版统筹：李宗保　贺勇华
策　　划：张正原
责任编辑：张正原
印刷统筹：尹　苗
出版发行：西安出版社
社　　址：西安市曲江新区
　　　　　雁南五路1868号影视演艺大厦11层
电　　话：（029）85253740
邮政编码：710061

印　　刷：陕西龙山海天艺术印务有限公司
开　　本：787mm × 1092mm　1/16
印　　张：21.25
字　　数：220千
版　　次：2023年4月第1版
印　　次：2023年5月第1次印刷
书　　号：ISBN 978-7-5541-6819-6
定　　价：78.00元

序一

文物所折射出的恒久魅力，已为越来越多的人所认识。今天呈现在读者面前的这部“丝路物语”书系，就是这一魅力的具体体现。

“让收藏在博物馆里的文物、陈列在广阔大地上的遗产、书写在古籍里的文字都活起来。”（习近平语）党的十八大以来，习近平总书记担负着实现中华民族伟大复兴的历史重任，饱含着对传统文化的深厚感情，让文物活起来始终为其所关注、所思考。让文物活起来，就是深入挖掘文物的内涵，充分发挥文物的作用。中国文物是中华民族的文明印记和精神标识，是全体中国人乃至全人类的珍贵财富；它对于激发人民群众对中华优秀传统文化的了解、认同和热爱，坚定文化自信，汇聚发展力量等作用是不言而喻的。

近年来，一些优秀的文物类书籍、综艺节目、纪录片、文化创意产品等不断涌现，文化遗产元素成为国家外交的桥梁，文物逐渐成为“网红”并受到越来越多年轻人的青睐，这些都充分彰显着“让文物活起来”已逐渐从理念转化为行动，那些在历史长河中积淀下来的文物珍存正在不断走近百姓、融入时代、面向世界。

说到文物，不能不把眼光聚焦于丝绸之路。人类社会交往的渴望推动了世界文明间的相互交融和渗透，中华文明与亚、欧、非三大洲的古代文明很早就发生接触，相互影响，相互交流。直到 1877 年，德国地理学家李希霍芬在他的著作《中国——我的旅行成果》里首次提出了“丝绸之路”的概念。近半个世纪以来，随着丝绸之路考古发现和学术研究的不断深入，极大地开阔了人们的视野。特别是“一带一路”倡议的全面推进，丝绸之路研究更成为国际显学。在古代文明交流史上，丝绸之路无疑是极其璀璨的一笔。它承载着千年古史，编织着四方文明。也正因为丝绸之路无与伦比的历史积淀，形成了独特的历史文化遗产，其数量之大、等级之高、类型之丰富、序列之完整、影响之深远，都是世所公认的。神秘悠远的古代城址、波澜壮阔的长城关隘烽燧遗址、精美绝伦的艺术品、气势磅礴的帝王陵墓、灿若星辰的宫观寺庙、瑰丽壮美的石窟寺……数不清道不尽的文物珍宝，足以使任何参观者流连忘返，叹为观止。2014 年，“丝绸之路：长安—天山廊道的路网”成功跻身《世界文化遗产名录》，使丝绸之路迎来了新的历史机遇，也对广大文化文物工作者提出了新的要求。

“让文物说话，把历史智慧告诉人们。”这是习近平总书记的谆谆嘱托。中华文化优雅如斯，如何让文物说话，飞入寻常百姓家，是当下无数文化界人士亟待攻坚的课题，亦是他们光荣的使命。客观来讲，丝绸之路方面的论著硕果累累，但从一般读者角度，特别是从当下文化与旅游结合角度着眼的作品不多，十分需要一套全面系统地介绍丝绸之路文物故事的读物。令人欣喜的是，西安出版社组织策划了这套颇具规模的“丝路物语”书系，并由李炳武先生担任主编，弥补了这一缺憾。李炳武先生曾经长期在文物文化领域工作，也主持过“中华国宝 · 陕西珍贵文物集成”“长安学丛书”和《陕西文物旅游博览》等大型文物类图书的编纂工作，得到了业界的充分肯定；加之丛书的作者都是有专业素养的学者，从而保证了书稿的质量。

如何驾驭丝绸之路这样一个纵贯远古到当今、横贯地中海到华夏大地的话题，对于所有编写者来说，都是具有挑战性的。这套书的优点或者说特点，可以概括为以下几个方面：

这套书最大的一个优点，就是大而全。从宏观的视野，用简明的线条，对陆上丝绸之路的博物馆、大遗址进行了全景式梳理，精心遴选主要文物，这些国宝的历史、艺术和科学价值在字里行间一一呈现。

丝绸之路文化遗产类型丰富，作者在文中并没有局限于文物本身的解读，还根据文物的特点做了大量的知识拓展，包括服饰的流变，宗教的传播，马匹的驯化，葡萄等水果的东传，纸张的发明和不断改进，医学的发展，乐器、绘画、雕刻、建筑、织物、陶瓷等视觉艺术的交互影响，等等。其中既有交往的结果，也有战争的推动。总体而言，这些内容是讲述丝绸之路时所不可或缺的内容，使读者透过文物认识了丝绸之路丰富的文化内涵。

值得称道的是，这套书采取探索与普及相结合的方式，图文并茂，力求避免学究气的艰涩笔调，加入故事性、趣味性，使文字更具可读性，达到雅俗共赏的目的。通过图书这一载体，能够使读者静静地品味和欣赏这些文物，传达出对历史的沉思和感悟，完善自己对文物、丝绸之路和文化的认知。读过这套书后，相信读者都会开卷有益，收获多多，文物在我们眼中也将会是另一番面貌。

我们有幸正处于坚持以人民为中心的改革发展伟大时代，每一件文物，都维系着民族的精神，让文物活起来，定会深入人心、蔚为大观。此次李炳武先生请我写序，初颇踌躇，披卷读来，犹如一场旅行，神游历史时空之浩渺无垠，遐思华夏文化之博大精深。兼善天下，感物化人历来是每一个中国知识分子的精神所属，若序言能为一部作品锦上添花，得而为普及民众的文物保护意识起到促进作用，何乐而不为?

是为序。

·郑欣淼·

原中国文化部副部长、故宫博物院原院长、中华诗词学会会长、著名历史文化学者。

序二

2013年9月，中国国家主席习近平访问哈萨克斯坦时，在纳扎尔巴耶夫大学发表演讲，首次提出共同构建“丝绸之路经济带”的宏伟倡议。2014年6月，“丝绸之路：长安—天山廊道的路网”成功跻身《世界文化遗产名录》。

丝绸之路是世界上路线最长、影响最大的文化线路。丝绸之路是指起始于古代中国的政治、经济、文化中心——古都长安（今西安）连接亚洲、非洲和欧洲的古代陆上商业贸易路线。它跨越陇山山脉，穿过河西走廊，通过玉门关和阳关，抵达新疆，沿绿洲和帕米尔高原通过中亚、西亚和北非，最终抵达非洲和欧洲，向南延伸到印度次大陆。这条伟大的道路沟通了中国、印度、希腊三大文明，全长一万多千米。它是一条东方与西方之间经济、政治、文化进行交流的主要道路，促进了欧亚大陆不同国家、不同文明之间在商贸、宗教、文化以及民族等方面的交流与融合，为人类社会的共同发展和繁荣做出了卓越贡献。

公元前138年，使者张骞受汉武帝派遣从长安出发，出使月氏。13年中，他的足迹踏遍天山南北和中亚、西亚各地。在随后的2000多年间，无数商贾、旅人沿着张骞的足迹，穿越驼铃叮当的沙漠、炊烟袅袅的草原、飞沙走石的戈壁，来往于各国之间，带来了印度、阿拉伯、波斯和欧洲的玻璃、红酒、马匹，宗教、科技和艺术，带走了中国的丝绸、漆器、瓷器和四大发明，举世闻名的丝绸之路渐渐形成。

用“丝绸之路”来形容古代中国与西方的文明交流，最早出自德国著名地理学家李希霍芬 1877 年所著的《中国——我的旅行成果》一书。由于这个命名贴切写实而又富有诗意，很快得到学术界的认可，并风靡世界。

近年来，丝绸之路迎来了新的历史机遇，沿丝绸之路寻访探秘的人络绎不绝。发展丝路经济，研究丝路文明，观赏丝路文物成了新时代的社会热潮，“丝路物语”书系便应运而生。在本书和读者见面之际，作为长安学研究者、“丝路物语”书系的主编，就该书的选题范围、研究对象、编写特色及意义赘述于下：

“丝路物语”书系，以“丝绸之路：长安—天山廊道的路网”遗产及相关博物馆为选题范围。该遗产项目的线路跨度近 5000 千米，沿线包括了中心城镇遗迹、商贸城市、聚落遗迹、交通遗迹、宗教遗迹和关联遗迹五类代表性遗迹以及沿途丰富的特色地理环境。丝路沿线遗迹或壮观巍峨，或鬼斧神工，或华丽精美，见证了欧亚大陆在公元前 2 世纪至公元 16 世纪之间人类文明进步的重要阶段，以及在这段时间内多元文化并存的鲜明特色。

“丝路物语”书系，每册聚焦古丝绸之路上的一座博物馆、一处古遗址或一座石窟寺，力求立体全面地展示丝绸之路上的历史遗存、人文故事和风土人情。这是一套丝绸之路旅游观光的文化指南，从中可观赏到汉代桑蚕基地的鎏金铜蚕，饱览敦煌石窟飞天的婀娜多姿，聆听丝路古道上的声声驼铃。古丝绸之路是人类文明的宝贵遗产，记录着社会的沧桑巨变，这是一部启封丝路文明的记忆之书。

“丝路物语”书系，以阐释文物为重点。文物是中华民族的精神标识。

“让收藏在博物馆里的文物、陈列在广阔大地上的遗产、书写在古籍里的文字都活起来。”这对于激发人民群众对中华优秀传统文化的了解、认同和热爱，坚定文化自信，汇聚发展力量不可小觑，这是一部积淀文化自信的启智之作。

2000 多年前，我们的先辈筚路蓝缕，穿越草原沙漠，开辟出联通亚欧非的陆上丝绸之路。这不仅是一条通商易货之道，更是一条文化交流之路。沿着古丝绸之路，中国将丝绸、瓷器、漆器、铁器传到西方，也为中国带来了胡椒、亚麻、香料、葡萄、石榴。沿着古丝绸之路，佛教、伊斯兰教及阿拉伯的天文、历法、医药传入中国，中国的四大发明、养蚕技术也由此传向世界。更为重要的是，商品和文化交流带来了观念创新。比如，佛教源自印度，却在中国发扬光大，在东南亚得到传承。儒家文化起源于中国，却受到欧洲莱布尼茨、伏尔泰等思想家的推崇。这是交流的魅力，互鉴的成果。这些各国不同的异质文化，犹如新鲜血液注入华夏文化肌体，使脉搏跳动更为雄健有力。古丝绸之路绵亘万里，延续千年，积淀了以和平合作、开放包容、互学互鉴、互利共赢为核心的丝路精神。

新时代、新丝路、新长安。2017 年，习近平主席在“‘一带一路’国际合作高峰论坛”上指出：古丝绸之路是人类文明的宝贵遗产。为让这些遗产、文物鲜活起来，西安出版社策划出版的“丝路物语”书系，承载着别样的期许与厚望，旨在以丝绸之路的隽永品格对话当代社会的文化建构，以高度的文化自觉唤醒当代社会的文化自信。

我们作为丝绸之路起点长安的文化工作者，更应该饱含对传统文化的深厚感情，自觉担负起实现中华民族伟大复兴的历史重任，充分运用长安学的最新研究成果，为保护、研究和传承人类文明的宝贵遗产尽心尽力，助推“一带一路”伟大事业的蓬勃发展。

精品力作是出版社的立身之本，亦是文化工作者的社会担当。“丝路物语”书系的出版，凝聚着众多写作和编辑人员的思考与汗水。借此，特别感谢郑欣淼部长的热情赐序；感谢策划人、西安出版社社长屈炳耀先生的睿智选题与热情相邀；感谢相关遗址、博物馆领导的支持和富有专业素养的学者和摄影人员的精心创作；更要感谢西安出版社副总编辑李宗保和编辑张正原认真负责、卓有成效的工作。

“丝路物语”书系的出版虽为刍荛之议、管窥之见，但西安出版社聆听时代声音、承担时代使命以及致力于激活文化遗产、传播中国声音的决心定将引领其走向更远的未来。

是为序。

· 李炳武 ·

陕西省文物局原副局长、陕西省文史馆原馆长、“长安学”创始人、陕西师范大学国际长安学研究院首任院长、三秦文化研究会会长、长安学研究中心主任、著名历史文化学者。

序三

十四朝古都西安所在的陕西，地下埋藏了丰富的文物古迹。从最早的蓝田猿人化石的发现，到蓝田五里头遗址的吕氏家族墓葬群的出土；从旧石器时代的手斧，到宋元耀州窑遗址精美的瓷器。这里不只是周秦汉唐，也不只是帝王宫殿和陵寝、远古洪荒和繁华都市，帝王的奢华和庶民的生动都沉睡于这片土地下，又都在几千年后的考古者手中复苏、鲜活起来。

1934 年宝鸡斗鸡台的考古发掘，开启了陕西近一个世纪的考古发掘研究工作，其成果不但支撑了中国历史研究的大框架，也在考古学理论方法的研究方面谱写了辉煌篇章。苏秉琦整理陕西宝鸡斗鸡台考古资料，著作《瓦鬲的研究》将考古类型学应用于中国考古实践，诞生了中国考古类型学；石兴邦创新遗址发掘理念，领队发掘半坡遗址，建立了中国第一座考古遗址博物馆——半坡博物馆；2000 年后的大遗址考古模式、聚落考古的实践、多学科考古综合研究成果、26 项“全国十大考古新发现”和 11 项“百年百大考古发现”等数代考古人在陕西这块热土上的实践与成果，代表着中国考古学的发展历程，也是体现考古学科建立、成熟和发展的最佳标本。陕西考古博物馆将中国考古学诞生发展及考古人艰辛探索的历程和辉煌成就进行立体化、系统化地展示，是将临时性、片段式的考古发现转变为全面系统地介绍考古学理论方法和成果的专题博物馆。

陕西考古博物馆以“考古圣地　华章陕西”为主题的展览，分考古学史、考古研究成果、文物保护技术与科技考古三大内容和考古历程、文化谱系、考古发现、文物保护理念与成果四个篇章，立足陕西，缩影中国，直观生动地科普考古学理论和价值，深入浅出地阐释考古研究的成果和贡献，转译生涩深奥的学术语言，架起考古学和民众间的对话桥梁，让“小众的科学”变成“大众的文化”。

展览依托陕西省考古研究院诞生65年来积累的文物标本和考古研究成果，选取138项有重要历史价值、学术价值的考古项目及其出土文物4891件（组）进行展示。虽然这些文物都是首次展出，也不乏颇具艺术价值的高等级文物，但考古博物馆的视角，绝不仅仅是这些精美的文物，而是由遗迹和遗物共同构成的一个多学科综合研究的课题，这个课题有对文物的展示，更有对文物背后的遗址、墓葬乃至聚落、都城的系统化释读。

《揭示本源　探索未知——陕西考古博物馆》是博物馆开馆后的第一本读物。选取了展览中最具代表性的43件展品，在写作过程中，遵从博物馆展览的宗旨，以考古的视角，将遗物还原到遗迹中，进行历史考古、工艺美术等有深度、多维度地解读，既有严谨的考古研究的学术性，又有文物背后的人与历史的趣味性。所以，一本书，43件文物，读懂的是一座博物馆，感受到的是几千年家国叙事的宏大旖旎和吃酒饮茶的鲜活寻常。丝路风雨，古都沧桑，尽在其中。

·王小蒙·

研究员、中国考古学会理事、中国古陶瓷学会副会长。主要研究方向为古陶瓷考古和隋唐考古，陕西考古博物馆执行策展人。

陕西蓝田吕氏家族墓考古现场

诸侯之礼级

096 芮国墓地夔龙纹小罐（铜匵）
发现最早的男性面霜

102 帝国君子长臂猿头骨
识骨寻踪 『猿』来有你

108 秦公一号大墓出土石磬
天子匽喜 共桓是嗣

114 秦咸阳宫壁画
铁血大秦的柔情一面

122 秦始皇帝陵文吏俑
考古确认最早的公务员

128 秦铜诏版与陶量
统一天下的基石

136 汉文帝霸陵刑徒俑
西汉帝陵营建的真实写照

142 勉县金寨汉墓绿釉陶器
一抹富有生命力的釉色

150 靖边渠树壕东汉壁画墓
苍穹画卷 星汉灿烂

158 凤栖原铜漏壶
汉代计算时间的精密仪器

唐代盛行的道教仪式

260 三彩俑
栩栩华彩

270 哀册
白玉载哀思

276 鸱吻
激浪降雨 以厌火祥

282 彩绘胡人牵驼俑组合
从大漠驼铃走向盛世大唐

288 青釉花口盏
雨过青天云破处

292 骊山石铭文敦
考古先驱的奥秘

298 青瓷篮
士人墓葬之礼

304 玉壶春瓶
月照流水水如光

310 青釉狻猊出香熏炉
祥风吹晓动帘旌 香袅狻猊几缕青

316 蒲城洞耳蒙元壁画墓
色彩艳艳 见证民族融合

目录

001 开篇词

002 阿舍利手斧
远古『标准件』

006 杨官寨遗址
城市肇源

018 宝鸡关桃园遗址骨器
探索早期农业起源

024 华县泉护村彩陶
繁复而抽象的意念

040 汉中龙岗寺遗址陶器
意趣天成的原始艺术

044 岐山周公庙刻辞甲骨
甲骨中的西周

050 石峁石雕与玉器
探源中华文明

066 石鼓山青铜牺尊
呦呦鹿鸣

074 周原遗址贺家铜轮牙马车
金路煌煌

084 芮国墓地木俑

162 神木大保当彩绘汉画像石
仙凡之间 大象其生

170 十三环蹀躞铜带
北周皇帝节俭的印证

178 十六国彩绘伎乐女俑
胡风乐舞

188 绿釉蟠龙博山炉
双烟一气凌紫霞

194 酒神图驮囊陶骆驼俑
异域风格

204 透影白瓷杯
轻如云魄起

208 唐李倕冠饰和服装组配饰
盛唐长安 风华再现

222 唐昭容上官氏墓志
千年万岁 椒花颂声

230 唐罗婉顺墓志
来自大唐的温度

240 马球图
勇敢者的游戏

244 彩绘陶羯鼓

开篇词

陕西，古隶雍梁之域，秦巴南耸，朔漠北横，关河设阻，泾渭络通，《禹贡》称『上上之田』。炎黄诞焉，周秦立国，汉唐置都，中枢天下几千年。历史沧桑如云烟过眼应时散尽，厚土沃壤中的文明存迹、文化印痕，让古今之人每每寻问。

遗金弃石，先贤据以稽古事，后儒因之兴礼教。以古代人类活动留下的物质遗存，来研究古代社会历史为己任的中国考古学，发轫于民族存亡之际，驰骋于国运转盛之时，在陕深耕近百年。累代相继的考古学家栉风沐雨、步履山川以明察古迹，铲剔刷拂、细理泥土使无数遗珍得见。山川洞穴犹存击石逐猎之迹，泾渭汉丹频现农耕聚落彩陶之美。琢玉雕石于北国崇台见六畜兴旺，冶铸鼎彝于礼仪之邦庆五谷丰登。剑戟并锄锸成就一统基业，长安通西域凿空丝绸之路。金银珠宝万国衣冠广传盛世功业，精瓷善器釉色青白以利普罗民生。科技协力众学科加盟，为考古添翼收获盈饶，丰富了历史内涵，活化了历史场景。追溯文明源流，铸就国史新篇。触摸周秦汉唐昔日辉煌，构筑中华文化自信根基。

考古识中国，华章看陕西。

阿舍利手斧

远古『标准件』

考古证实，洛南盆地在80万年前就有了人类活动的踪迹。阿舍利手斧的集中发现，进一步完善了东亚地区古人类石器发展脉络。

洛南盆地位于秦岭东部陕西省洛南县境内。从20世纪90年代中期开始，考古学家在这里发现了超过15万件石器，在最密集的地方平均每立方米就能发掘出上千件石器，大量出土的石器让这里被称为“旧石器时代考古的圣地”。

2012年3月至12月，考古部门在配合省道S202线洛南过境公路建设中，对线路穿越的“四十里梁塬”东部的郭塬、十字路口、延岭、鹤眼岭、柳树洼和张豁口南等6个旧石器遗址进行了抢救性发掘，发掘面积1300余平方米，确定诸遗址文化遗存的主体埋藏年代在距今25万年至7万年之间。

这一带的旧石器遗址分布极其广泛，几乎所有的梁脊上，都能看到散落在地表的石制品。经过考古队员的清理，共出土石制品18000余件，仅

阿舍利手斧

距今25万年—5万年
长16.7厘米，宽10.6厘米，厚5.5厘米
陕西省商洛市洛南盆地旷野旧石器地点群出土

在郭塬一处500余平方米的考古现场内，就清理出了包括刮削器、手斧、薄刃斧、手镐等在内的各类石制品13000余件，同时还发现了原始人类打制石器时遗留的作业面。

在所有石器中，最受考古学者重视的无疑是“阿舍利手斧”。虽然在很多人眼中，洛南盆地出土的手斧就是一块普通的石头，但在考古学者看来，这些出土的石头，造型很相似，说明当时的人类已经会打制“标准化”的器物了，并将这一技术逐渐地传承下去。因此，这些石头是人类文明发展史上的重要标志器物。

“阿舍利”是旧石器时代早期的一种石器制作技术模式，因最早发现于法国的圣阿舍尔而得名。阿舍利技术的典型石器包括手斧、三棱手镐、薄刃斧和大型石刀，手斧是其中最重要的代表性器物。

大约从距今176万年开始，手斧首先在东非出现。非洲以外早于100万年的手斧仅在西亚和南亚有所发现，东亚、东南亚以及整个欧洲地区尚没有发现确凿的100万年前的手斧。手斧的初始形态为砾石加工而成的“原型手斧”。原型手斧的加工方式比较粗糙，常常仅修理器物的前部，而在器物的柄端多遗留自然砾石面，但它的轮廓形态与后期大型石片或砾石加工而成的、周边或者通体修理的手斧并无二致。到阿舍利工业晚期阶段，手斧的加工制作已经十分精美，通体加工修理的泪滴状手斧更是将旧石器时代早期石器加工工艺发挥到了极致。从器形上看，典型的手斧一般左右对称，形态上高度一致，富于美感，体现出早期人类对技术的认知和掌握，也可能蕴含了当时人类对美的追求，因而它被公认为人类历史上第一种标准化加工的重型工具，代表了早期人类进化到直立人时期石器加工制作的最高技术水平。

1948 年，美国哈佛大学人类学家莫维斯认为在旧石器时代早期存在着东、西方两个不同的文化传统和文化区的假说，两个文化区域之间的界线，大致经过印度半岛北部呈西北东南走向，也就是“莫维斯线”。理由就是，欧洲、中东和非洲地区是早期人类文化的先进地区，以阿舍利手斧为代表，能掌握先进工具制造技术的先进文化圈；而位于“莫维斯线”以东东亚、东南亚地区，是以制造简单的砍砸器传统为特征的“文化滞后的边缘地区”，缺少手斧等较为精细的石器技术。

然而，考古人员在洛南盆地旷野旧石器地点获得了大量阿舍利石器工业类型的手斧、三棱手镐、薄刃斧和大型石刀等工具，不仅具有完备的器物组合，在制作技术上与西方一些重要遗址相比也毫不逊色。洛南盆地作为迄今为止在中国乃至整个东亚地区旧石器时代早期阿舍利器物最为集中的发现区域，对于所有基于莫维斯线划分的东亚地区缺少手斧文化因素的解释有很大冲击，对认识东亚地区旧石器工业面貌、东西方旧石器文化比较研究和早期人类技术交流与传播等课题具有极为重要的学术价值。

（王沛　张改课）

杨官寨遗址

城市肇源

杨官寨遗址位于庙底沟文化分布的腹心地带，聚落规模巨大，还建造有大型环壕、中央池苑等遗迹，加之大型普通居民公共墓地的发现，这些都向我们揭示了杨官寨遗址或为当时社会的大型都邑。

2004 年 5 月，泾河工业园区进行道路施工时，考古部门在陕西省高陵县姬家乡（现高陵区姬家街道）杨官寨村发现了一处大规模史前聚落遗址——杨官寨遗址，遗址总面积超过 100 万平方米，遗存年代集中在仰韶中晚期。遗址地处泾河北岸，向东南约四公里便是今泾河、渭河的交汇处。随着发掘工作的不断推进，大型环壕、制陶作坊、成人墓地等的发现，为我们深入探寻杨官寨遗址不同文化时期聚落布局及社会结构提供了丰富的材料。

设施完备的环壕

环壕的发现是杨官寨遗址考古工作的重要成果之一。其平面大致呈梯

环壕东北角

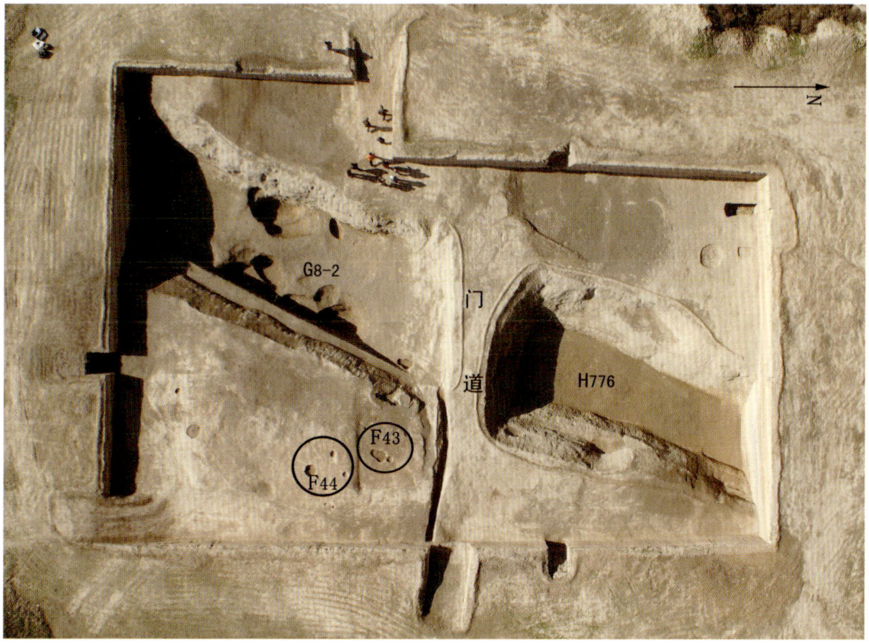

环壕西门址

形，周长约 1945 米，深 3.3—5.8 米，壕内面积达 24.5 万平方米。在西段环壕居中处还发现一处门址，由门道、两侧壕沟、“门房”、排水沟等构成，门道两侧的壕沟内出土有大量成层摆放的各类器物，著名的镂空人面覆盆形器就出土于门道以南部分壕沟的第一层堆积内。在两侧壕沟内还发现有涂朱砂人面陶器、动物纹彩陶盆等。

泥火成器 佳酿始成

在杨官寨遗址的众多出土文物中，有件镂空人面覆盆形器，以其独特的造型和古朴的工艺，再现了距今五千多年前杨官寨遗址先民高超的艺术表现力和神秘的原始宗教信仰。这件镂空人面覆盆形器为泥质红陶，整体器形如倒覆的敞口斜腹盆，平顶，斜腹，器身一侧用镂空及贴塑的形式制作出栩栩如生的人面形象，其中双眼和嘴部均以镂空表现，近似月牙状，堆塑出挺直的高鼻梁。形象古朴，神情温顺，将面部形态刻画得惟妙惟肖。

专门表现人面形象的陶器是杨官寨遗址集中出土并极具特色的一类器物，有镂空人面像陶盆、贴塑浮雕人面像残陶器、镂空人面像陶豆、戳印人面像泥饼、戳印指甲纹陶纺轮、彩绘人面像陶钵等，这类器物多非实用器物，应当是史前先民有意制作并借此表达特定情感或信仰的寄托，在同时期其他诸遗址中极为罕见。西门址西侧壕沟内出土的同类器物并非是人们随意丢弃的，而是有意摆放，推测先民可能在此举行过重大仪式性活动。这类器物的集中出土，反映了杨官寨遗址在当时社会中的特殊地位，也为

镂空人面覆盆形器

新石器时代庙底沟文化（距今5800—5000年）
顶部直径14.2厘米，下部直径25.6厘米，高18厘米
陕西省西安市高陵区杨官寨遗址庙底沟文化环壕出土

镂空人面覆盆形器（右一）出土场景

研究史前时期雕塑艺术及原始宗教信仰积累了宝贵的实物材料。

从考古发现的情况来看，人面的形象不只出现在陶器上，还存在于玉器、石器、青铜器上，或写实或写意，无论是龙岗寺遗址的人面壶，杨官寨遗址的镂空人面覆盆形器、涂朱砂人面陶器，石峁遗址的人面石雕，还是血池遗址的玉人，都体现着先民们的精神寄托。

杨官寨遗址出土有数量较多的尖底瓶。以 18 号瓮棺葬中出土的 1 件为例，该瓶为泥质红陶，重唇口，内外唇明显，截面呈台阶状，细长颈，溜肩，形体瘦长，束腰，锐尖底，口部以下饰斜向细绳纹。此外，还出土有与尖底瓶配套使用的器具——漏斗。漏斗多为泥质红陶，敞口，斜直腹，流部细长，通体素面。漏斗的流部口径略小于尖底瓶口径，可用于酒的转注，是将大口陶器中的醪液注入小口尖底瓶的必备工具。

尖底瓶

新石器时代庙底沟文化（距今5800—5000年）
口径4.5厘米，高80厘米
陕西省西安市高陵区杨官寨遗址18号瓮棺葬出土

醪液糖化后通过漏斗注入尖底瓶中酿制，尖底瓶的整体形制高度适用于酒的发酵和储藏

仰韶文化时期，尖底瓶的分布范围极为广泛，集中发现于关中、晋南、豫西地区。因其特殊的造型，关于它的功能及使用方法，学者们长期聚讼纷纭，有水器、酒器、欹器、魂瓶、葬具等观点。早在20世纪60年代，《西安半坡》考古报告中将尖底瓶归为汲水器，并逐渐成为当时的主流观点。同时期已有学者指出尖底瓶可能与酿酒有关，且与漏斗配套使用，但这一观点在当时未引起足够的重视。随着植物考古、民族考古、实验考古、残留物分析等研究的深入开展，尖底瓶作为酒器的观点为越来越多的人所接受。

漏斗

新石器时代庙底沟文化（距今5800—5000年）
口径24厘米，高20厘米，流部口径2.4厘米，长6厘米
陕西省西安市高陵区杨官寨遗址庙底沟文化环壕出土

南区制陶作坊

作为庙底沟文化最具代表性的器物之一，尖底瓶的整体形制高度适用于酒的发酵和储藏，小口便于密封，有助于减少酒精挥发，尖底则可集中沉淀残渣，底部用泥条盘筑的痕迹一般不作刮抹，有利于液体与残渣的分离。此外，甲骨文、金文等古文字中用来表示酒的“”字，形似一个酒坛的模样，被认为是尖底瓶的象形。

尖底瓶在杨官寨遗址中比较常见，环壕、灰坑、墓葬、房址等遗迹中均有发现。其中，遗址南区 H402 中出土的尖底瓶格外引人注目，已复原的 18 件完整的尖底瓶有着基本一致的规格和装饰风格，体现了陶器制作的标准化。遗址南部边缘的断崖上还发现有成排分布的房址、陶窑以及储

杨官寨遗址 M176

存陶器的窖穴、制陶工具等，专家据此推测 H402 所在的区域可能为仰韶晚期的制陶作坊区。

事死如事生

偏洞室墓是我国古代一种传统墓葬形制，广泛发现于我国西北地区的史前遗址中，目前所知，这种形制的墓葬始见于关中地区庙底沟文化时期，是杨官寨史前先民安葬逝者普遍使用的一种墓葬形制，是史前时期丧葬制度不断发展的产物，并被后世一直沿用。

2015—2020年，考古工作者在杨官寨遗址东段环壕外发现了一处大型墓地，墓地西端与东环壕相邻，面积约9万平方米，保守估计墓地内墓葬总数在千座以上，截至目前已完成清理400座史前墓葬。根据出土随葬品及墓葬人骨测年的数据，推断墓地与环壕的年代相当。依据特征，可将墓葬形制分为三大类，即偏洞室墓、竖穴土坑墓、带二层台墓葬，以偏洞室墓居多。墓葬之间没有叠压打破的关系，排列有序，表明墓地是经过统一规划的。

偏洞室墓是我国古代一种传统墓葬形制，一般由墓道和墓室两部分组成，又被称为“偏洞墓”“竖穴偏室墓”或“平行式土洞墓”。该类墓葬的修筑过程为先于地面下挖形成长方形竖穴土坑墓道，再于墓道长侧断面掏挖洞室来安葬死者。考古发现显示，80%左右的杨官寨先民在埋葬时采用这种墓葬形式，墓圹基本为东西向，墓主头向西，绝大多数偏室位于墓道北侧，流行单人一次葬，与盛行二次合葬的半坡文化葬俗形成鲜明的对比。

在此之前，关中地区仰韶早、中期的墓葬中尚未发现这种墓葬形制，诸如宝鸡北首岭、西安半坡、华县泉护村等遗址的墓葬均以土坑墓、瓮棺葬为主。杨官寨的偏洞室墓是国内目前所知时代最早的同类遗存，将该类墓葬的出现年代提前了600多年。那么为何杨官寨的先民们不直接沿用土坑墓，而选择了筑造更为复杂的墓葬形式，有学者认为这是“事死如事生”的体现，是对现实房屋的模仿，人们通过这种方式让自己在死后也能拥有

杨官寨遗址 M176 三维模型图

杨官寨遗址 M176 正射影像图

偏洞室墓

新石器时代庙底沟文化（距今5800—5000年）
墓道长1.8米，宽0.75米，深0.73米，墓室长2.1米，进深0.4米，高0.6米
陕西省西安市高陵区杨官寨遗址东区墓地M176

和生前一样的归宿。杨官寨发现的这类偏洞室墓，是否与甘青地区的马家窑文化、齐家文化、辛店文化乃至时代更晚的关中地区刘家文化的偏洞室墓存在直接关联，关中地区不同时代的偏洞室墓又是否存在一个完整的发展脉络，这些问题还有待更多的考古发现来解答。

杨官寨遗址是关中地区仰韶时代中晚期规模最大的聚落之一。经历年发掘，在遗址中心、西部和东北部，先后发现庙底沟文化最大的环壕聚落和规模最大的墓地，填补了相关领域考古发现的空白，首次从整体构建起庙底沟文化一处典型遗址的聚落布局。遗址中心 24 万平方米的环壕内有房址、灰坑、水渠、池塘等重要遗迹。以偏洞室墓葬为主的墓地规模空前，墓葬总数可能逾 2000 座，是我国新石器时代大型公共墓地的首次发现，反映了庙底沟文化的社会管理机制和文明的成熟。遗址南侧的泾河古河道台地边缘发现集中分布的半坡四期陶器作坊区和出土多达 80 件陶器窖藏坑，反映当时已出现社会化手工业生产的现象。这些发现对于庙底沟文化开始的社会结构演化及中国古代城市的发展、文明的起源等问题的研究，具有非常重要的意义。

（杨利平　殷宇鹏　安婷宇）

宝鸡关桃园遗址骨器

探索早期农业起源

关桃园遗址出土的骨耜，不仅填补了北方地区农业生产工具的空白，也为探讨我国北方旱作农业的起源和发展水平提供了最直接的实物依据。

关桃园遗址位于陕西省宝鸡市一处黄土峁垣上。2001 年 6 月，因宝兰铁路二线工程建设要从遗址上通过，考古部门对该遗址进行了发掘，共揭露遗址面积 3900 多平方米，发现灰坑（古人利用废弃的窖穴、水井取土后倾倒垃圾所形成的遗迹）243 个、房址 10 座、窑址 6 座，墓葬 29 座，获得了石器、骨器、陶器、玉器等一大批珍贵资料。

在该遗址内，以前仰韶时期文化遗存最为丰富，清理的房址、灰坑、墓葬等遗迹单位 150 余个，在渭水流域同时期文化遗存的考古发掘中数量最多，包含了渭河流域的老官台、白家村、大地湾一期和北首岭下层的文化特征，自成体系。

关桃园遗址发现的骨耜数量之多、时代之早是黄河流域史前考古中罕

考古发掘区域示意

见的。在前仰韶第二期遗存中，直接与农业相关的资料是出土了 8 件骨耜，另外还有石铲、石斧等与农业生产相关的工具。第三期出土的骨耜更多，有 16 件，也出土了更多的石质生产工具，表明农业生产在前期基础上继续发展。

著名考古学家邹衡先生曾说：“你们这里发现一件就不得了了，发现了几十件那就更不得了了。”这些骨耜形状基本相同，大小有别，均是用鹿或牛的肩胛骨制成。以标本 H277：4 为例，上端以动物肩胛骨的自然曲颈形成握手，往刃部呈三角形逐渐加大加宽，刃部有两齿，整体制作精良，加工使用痕迹明显。有的标本由于长期使用磨损的原因，齿刃已经磨损了相当一部分。

在我国古代，耒耜之类的生产工具，一直与农业生产紧密联系。《易·系辞》说：“神农氏作，斫木为耜，揉木为耒，耒耨之利，以教天下”。《白虎通·德论·号》说：“于是神农氏因天之时，分地之利，制耒耜，教民耕作”。1978 年浙江余姚河姆渡遗址发现了一批骨耜和木耜，时代距今 7000 年左右，成为追溯我国南方地区稻作农业起源的重要证据。关桃园遗址出土的骨耜，不仅填补了北方地区农业生产工具的空白，也为探讨我国北方旱作农业的起源和发展水平提供了最直接的实物依据。其使用方法，从曲颈用以握手的情况说明，骨耜最初可能是先民们蹲下直接用手握曲颈用以挖坑翻土或栽培农作物的，并不像后来人们想象的是捆扎固定在木棒上使用的。

除了骨耜和石质生产工具，关桃园遗址前仰韶文化三期还出土有骨鱼

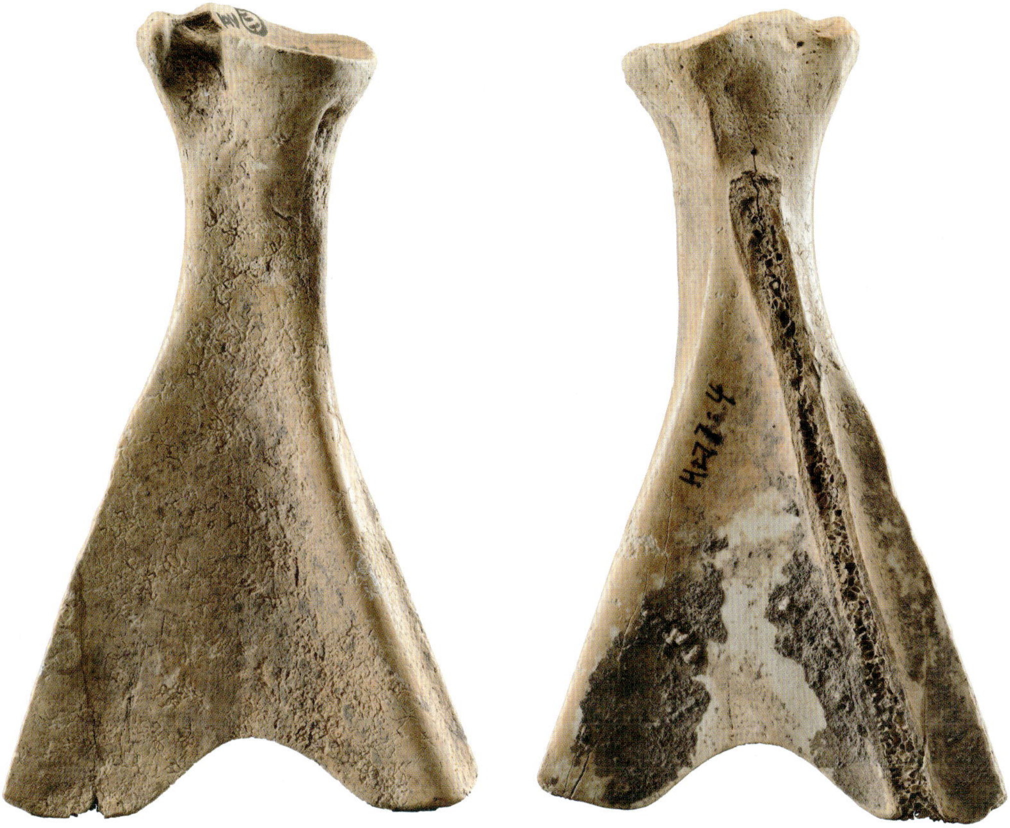

骨耜

新石器时代前仰韶时期（距今8000—6800年）
通长16.2厘米，刃宽9.8厘米
陕西省宝鸡市陈仓区关桃园遗址H277

钩等器物，显示了狩猎和捕捞经济也很重要。第三期灰坑还出土了一件夹石刃的骨梗刀，是新石器时代晚期阶段长城地带具有猎牧经济形制的文化中比较多见的器物。骨梗刀由一块整骨磨出身、柄、格、首等部分，刀背刻有细道，刀身靠刃的一侧自刀尖至格部有刻槽，显示用以嵌夹石刃，是一件复合工具。刀柄近首部有两面对钻的椭圆穿，首端磨出凹腰状，格部有钻而未穿的小圆坑两个。柄及身背部有刻纹，磨制光滑，形制颇似商周时期的青铜削刀，但远比北方地区晚于此约 2000 年的新石器时代晚期夹石

骨梗刀

新石器时代前仰韶时期（距今8000—6800年）
通长21.4厘米，宽2厘米，厚0.4厘米
陕西省宝鸡市陈仓区关桃园遗址H112出土

刃骨梗刀制作精美，这件骨器也反映了当时渔猎经济地位的重要性。

正因为有比例适当的农耕和渔猎活动，互补的经济生产满足了关桃园先民日常生活的需要，加之遗址优良的自然地理环境，连绵不断的群山，滔滔东流的渭河，关桃园的古代先民们在这里开始营建家园，形成聚落，开垦土地，驯养家畜。人类历史，进入新石器时代的新纪元。

（王沛）

华县泉护村彩陶

繁复而抽象的意念

泉护村遗址1997年出土的这批彩陶，纹饰动静结合、虚实相生，繁复的图案来源于花鸟虫鱼等生活元素，更融入了史前画工对几何知识的理解和运用，使原本呆板的几何纹幻化出律动的美感。

泉护村遗址位于陕西华县柳枝镇泉护村，北距渭河约 6 公里，面积达到 93.5 万平方米。这处史前遗址是 1955 年黄河水库考古队考古调查时发现的，之后于 1958—1959 年和 1997 年分别进行了两次考古发掘。

泉护村遗址属于新石器时代庙底沟文化时期，C14 测年为公元前 3640—前 3100 年之内，发掘出土了大量器物，有陶器、石器、骨器，陶器主要有尖底瓶、葫芦口瓶、罐、盆、钵、瓮、灶、器盖、杯、小碗等，陶器纹饰有素面、线纹、绳纹、彩陶等。彩陶主要有陶盆、陶钵、陶罐等，基本为红底黑彩，彩陶的基本元素主要是圆点、斜线、弧形三角等，由这些元素组成不同图案。

陕西彩陶主要分布在渭河流域，在距今 8000 年前的老官台文化就发现了彩陶，在随后的半坡文化和庙底沟文化时期，彩陶的发展达到顶峰。老官台文化距今约8000至7000年，主要分布在渭河流域、汉江上游及丹江上游等地区，典型遗址有老官台、白家村、关桃园、李家村等。半坡文化距今约6500至5700年间，典型遗址有半坡、元君庙、北首岭等。庙底沟文化距今约5700至4900年，主要分布于陕西、河南及山西等地区，代表性的遗址有陕西高陵杨官寨、华县泉护村、华阴西关堡、潼关南寨子、扶风案板；河南三门峡庙底沟、灵宝西坡；山西夏县西阴村、临汾桃园等遗址。

老官台文化的彩陶多为黑彩，图案简单，一般施于钵口沿外部。半坡文化的彩陶图案多绘在盆、钵、罐、细颈壶等器物上，多为黑彩，图案是由直线构成的几何图形，有鱼纹、三角形、方格纹、编织纹等，其中最有代表性的是鱼纹。到庙底沟文化时期，彩陶的发展更加繁盛，图案更加多样化。彩陶是庙底沟文化的代表性器物，主要为黑彩，少量红彩和白彩。彩陶图案主要由圆点、弧线、弧形三角、勾叶等元素组成，纹样有鸟纹、花朵、叶片纹等，极少量鱼纹，不同于半坡文化以鱼纹为代表，鸟纹是庙底沟文化的代表纹样。纹饰主要饰于器物唇部及器表上半部，彩陶器物主要有泥质红陶盆、红陶钵、泥质罐等。庙底沟文化的彩陶影响范围广泛，东到大海、西至甘青、北抵阴山、南及长江。

泉护村遗址出土了大量庙底沟文化时期的彩陶，多为彩陶盆、彩陶钵和少量彩陶罐。彩陶盆分为两类，一类为浅腹，一类为深腹。彩陶纹饰多样，基本元素有圆点、弧线、弧形三角、勾叶等，图案有几何纹、鸟纹、花、叶等植物纹样，鸟纹生动、形象，与半坡文化的鱼纹意义一样，一定程度上代表庙底沟文化的图腾。部分弧形三角纹可能是鱼纹的抽象表现形式，说明半坡文化因素在庙底沟文化时期继续存在，并融入该文化中。花瓣纹是最为常见的一种彩陶图案，有比较简单的，也有非常繁杂的。从统计数据看，彩陶盆数量最多，然后是彩陶钵，少量其他器型；从图案表现看，彩陶罐上的纹饰相对复杂、多样，彩陶钵相对简单；从年代早晚看，早期彩陶图案较为繁冗，晚期较为简单；从表现形式看，早期较为写实，晚期较为抽象。

泉护村遗址 1997 年出土的这批彩陶，纹饰动静结合、虚实相生，繁复的图案来源于花鸟虫鱼等生活元素，更融入了史前画工对几何知识的理解和运用，使原本呆板的几何纹幻化出律动的美感。下面，就请欣赏这些原始彩陶的杰作。

彩陶盆

新石器时代庙底沟文化
口径27.5厘米，底径12.5厘米，高20.4厘米

泥质红陶。腹部以黑彩绘有由一个象生鸟纹和三个简化鸟纹组成的图案，其下饰一周条带纹。

彩陶盆

新石器时代庙底沟文化
口径28.4厘米，腹径28厘米，底径12厘米，高21厘米

泥质红陶，黄褐色腹。唇部涂黑，沿面以黑彩绘由三角弧纹和柳叶形纹构成的图案，将器口分为三份，上腹绘由弧边三角、柳叶、圆点构成的回旋勾连纹图案纹饰带，整个纹饰带由三组图案组成，纹饰带下施细条带一周。

彩陶盆

新石器时代庙底沟文化
口径40厘米，残高13厘米

泥质红陶，下腹灰褐色，应为套烧痕迹。唇部饰一周黑彩，上腹部以黑彩绘由圆点、以圆点为中心向上下左右展开的弧形三角或柳叶纹、条纹等组成的回旋勾连纹图案，图案的两侧是两个圆盘，圆盘中绘弧边三角形、柳叶纹等。

彩陶盆

新石器时代庙底沟文化
口径25.6厘米，底径7.8厘米，高12厘米

泥质陶，褐色腹。唇部饰一周黑彩，上腹部以黑彩绘三组由圆点纹、圆盘纹、弧三角纹、倒三角纹、细条带纹等组成的回旋勾连纹图案，图案下部以带状纹绕器一周。

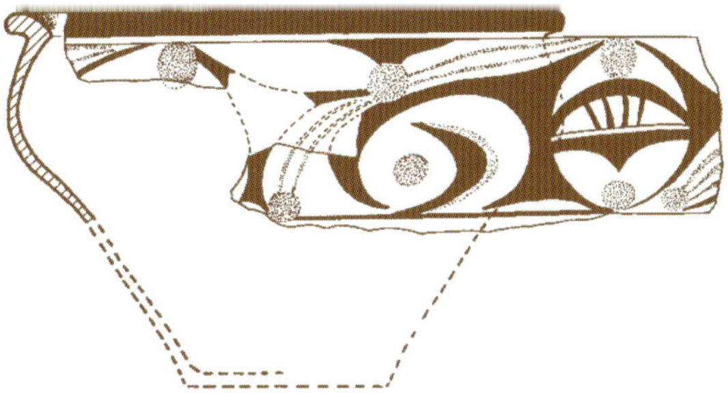

彩陶盆

新石器时代庙底沟文化
口径31.4厘米，残高11厘米

泥质红陶，器口下施一周红色陶衣，黄褐色腹。器顶以黑彩绘由圆点、弧线及弧三角构成的两组纹饰，纹饰下部绘一周条带，沿面涂黑彩。

彩陶盆

新石器时代庙底沟文化
高20厘米，口径24.4厘米，底径10.2厘米

细泥红陶，下腹部为套烧的灰黑色痕迹。唇部涂黑，中腹以黑彩绘一周条带纹，条带与口沿间绘圆点、弧边三角形等纹饰。

彩陶盆

新石器时代庙底沟文化
口径27厘米，底径11.3厘米，高16.2厘米

泥质陶，上腹为红色，下腹及器内为灰色。沿面以黑彩绘一周斜线条纹，沿下及中腹各绘一周细条带，其间再绘一与它们平行的条带将这一空间分为上下两部分，以中间条带为对称轴线，绘上下对称、左右交错分布的连续等腰三角形，形成由菱形与三角形构成的网格状纹饰。

彩陶盆

新石器时代庙底沟文化
口径34.8厘米，底径12厘米，高16.4厘米

泥质红陶。唇部饰一周黑彩，沿面以黑彩绘三角纹和柳叶状纹饰，上腹部以黑彩绘由弧形三角、柳叶、勾叶、弧线等构成的回旋勾连纹图案，图案下方绘一周细条带纹。

彩陶钵

新石器时代庙底沟文化
口径29.2厘米，底径10.3厘米，高11.3—12厘米

泥质红陶，下腹褐色。沿下似施红色陶衣，其上以黑彩绘由竖线、圆点、垂三角形、弧边三角等的纹样，使地纹留白形成西阴纹图案，残存两组图案，图案下绘一周细条带。

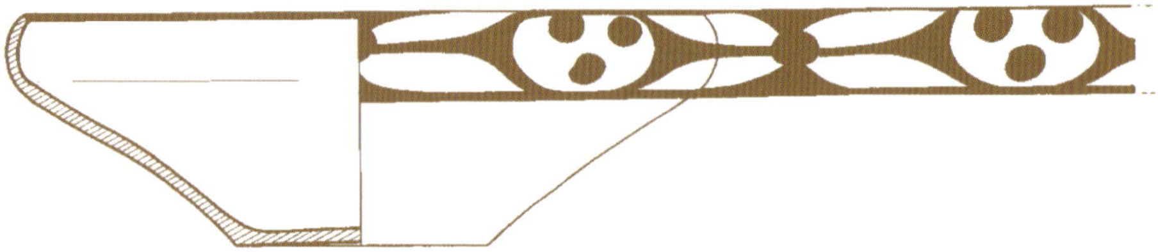

彩陶钵

新石器时代庙底沟文化
高10厘米，口径31厘米，底径11厘米

泥质红陶。敛口，方唇，沿内有一周凹槽，颈部略外弧，鼓腹。器表施红色陶衣，唇面一周涂黑彩，中腹施一周条带。上下左右对称的弧边三角形纹饰组成的黑彩图案，围合成留白的花瓣状图案。每组这样的图案之间巧妙衔接构成留白的近圆形，圆圈内装饰三个黑点纹样，形似人面的抽象表述。

彩陶器盖

新石器时代庙底沟文化
高11.2厘米，口径27.2厘米

泥质红陶。敞口，圆唇，蘑菇状提柄，形如覆钵状。唇沿涂一周红褐色彩，器表以红褐色彩绘由弧边三角形、连弧、圆点等组成三组扇形图案，图案每组分三层，围绕提柄的月牙状弧是第一层，第二层由三个相连的弧边三角形及其围捧的圆点构成，第三层由四个弧边三角形和两个相连的月牙弧构成，第三层与第二层间以圆弧状留白间隔，每组扇形图案间以条形留白相隔，条形留白如同从提柄中心发出的三条射线。整幅图案巧妙地将阴阳连弧进行了组合，俯视宛如一个围绕提柄中央重瓣盛开的花朵。

彩陶瓮

新石器时代庙底沟文化
口径25厘米，腹径34.6厘米，底径10.4厘米，高16.1厘米

泥质红陶。沿面及沿内饰一周黑彩，上腹部饰白色陶衣，陶衣上以黑彩绘弧形三角，以红褐彩绘圆点、细条带等构成三组回旋勾连纹图案，各组图案内容基本相同，均由一个形似菊花的纹样和两个涡纹组成，但其中一组似乎多出一个涡纹，图案下部以黑彩带纹绕器一周。

（郭小宁）

汉中龙岗寺遗址陶器

意趣天成的原始艺术

人类利用土壤、水和火，实现了生活工具质的飞跃。从原始塑像艺术的诞生开始，人类也逐渐认识到自身创造万物的非凡能力。

人面壶、兽首双耳尖底瓶出土于陕西省汉中市南郑区龙岗寺遗址。它们造型别致，颇具情趣，既是生活实用器皿，也是精美的原始雕塑艺术品。

龙岗寺遗址最初于1959年调查时发现。1983—1984年，考古部门对其进行了考古发掘，该遗址最主要的收获是揭露出一处保存完整的新石器时代仰韶文化半坡类型氏族公共墓地。

整个墓地南北长40米，东西宽30米，总面积1200平方米，共有墓葬430座，其中老官台文化李家村类型墓葬7座，仰韶文化半坡类型墓葬423座。墓葬由下而上分六层相互叠压埋葬，随葬品丰富，每一层墓葬分别代表了一定的发展阶段。龙岗寺遗址仰韶文化半坡类型早、中、晚三期遗存，因未能采集到足够的木炭标本无法进行C14年代测定，但龙岗寺遗址仰

人面壶

新石器时代仰韶早期半坡类型
高14.6厘米，腹径10.8厘米，底径4厘米，厚0.6厘米
陕西省汉中市南郑区龙岗寺遗址M396出土

韶文化半坡类型文化面貌与西乡何家湾遗址仰韶文化半坡类型文化面貌相同。西乡何家湾遗址仰韶文化半坡类型的早、中、晚三期的C14测定年代为：早期距今6440±190年，中期距今6225±190年，晚期距今6090±120年（均为树轮校正年代）。这三个数据均可作为龙岗寺遗址仰韶文化半坡类型早、中、晚三期年代的借鉴。

人面壶，细泥红陶，出土于中期墓葬。壶头呈人面形，尖下颌，扁形双目，

兽首双耳尖底瓶

新石器时代仰韶早期半坡类型
高34厘米，腹径18厘米，厚0.7厘米
陕西省汉中市南郑区龙岗寺遗址M394出土

高鼻梁，两个圆形小鼻孔。两耳呈不对称的弯月状，眼、嘴及鼻孔均与器腹相通。壶细颈，腹斜直与颈相接，腹、颈分界不明显，下腹微弧收，小平底，通体光素。人面壶上的眼、鼻、嘴、耳位置准确，比例得当，五官端正，生动活泼，说明当时人们已熟练掌握了人体头部各个器官的比例和位置。

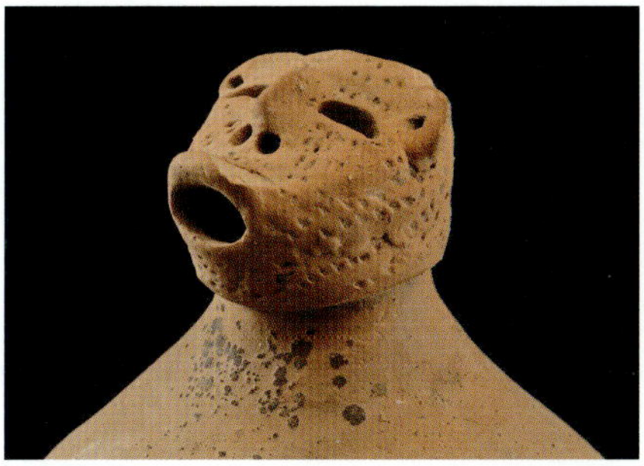

兽首双耳尖底瓶（局部）

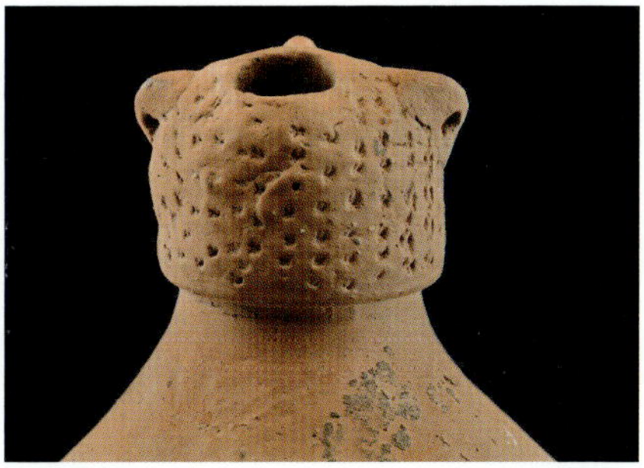

兽首双耳尖底瓶（局部）

兽首双耳尖底瓶，泥质红陶，亦出土于中期墓葬。兽首形器口，短颈，深鼓腹，腹、颈分界不明显，双耳，钝尖底。兽首形态似虎又似猪，有弯月形双目，双耳微耸，耳廓上各有一个小圆孔，鼻梁稍稍隆起，鼻翼下有两个圆形小鼻孔，吻部前拱，张口。兽首双目、鼻孔、口均与器腹相通；兽首顶部也有一个与腹腔相通的圆孔，孔径1.2厘米。兽首饰有较为规整的戳刺纹，器身中部饰横细绳纹。以兽首作为尖底瓶口部，更是别具匠心，兽头张口瞪目，两耳耸竖，又以小的戳刺纹作为兽的皮毛，既古拙简朴又意趣天成。

陶器是远古先民在适应和改造大自然的长期劳动实践中，由渔猎和采集为主的游牧生活方式逐渐发展到以农耕为主的定居生活方式的产物。人类利用土壤、水和火，实现了生活工具质的飞跃。从原始塑像艺术的诞生开始，人类也逐渐认识到自身创造万物的非凡能力。除了这些原始雕塑艺术品外，龙岗寺遗址还出土了大量饰有几何纹、鱼纹、人面纹的彩绘陶器，为仰韶文化中期中原大地的彩陶繁荣及向外播散奠定了基础。

（王沛）

岐山周公庙刻辞甲骨

甲骨中的西周

『周公』『文王』『王季』……这些甲骨上的名字都是真实存在的历史人物。神话与现实交相辉映，仿佛回到了那璀璨的周礼文明。

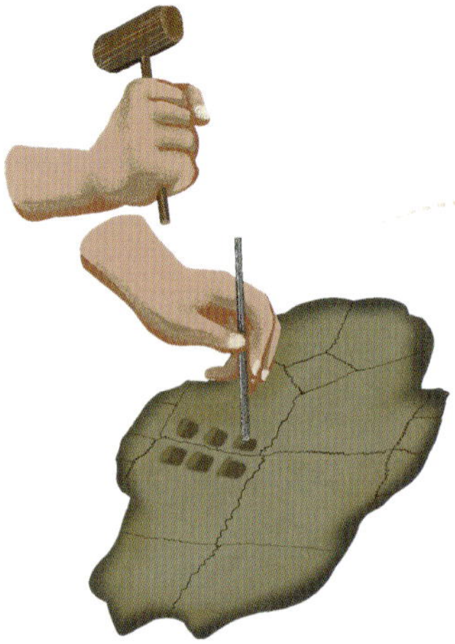

① 在整治好的龟甲背面制作钻凿

一般而言，甲骨包含龟甲和兽骨两部分，甲骨文指商周时期契刻或书写在卜甲、卜骨以及其他动物骨骼上的文字，按性质可分为卜辞、记事类刻辞和数字卦。

商代甲骨多出于郑州商城和殷墟，其钻凿多为长凿圆钻（椭圆形长凿和近圆形钻）；西周甲骨多出于周原和丰镐等地，钻凿多为长凿方钻和圆钻（猫眼钻），卜甲上多长凿方钻，卜骨上多为猫眼钻。

岐山周公庙是迄今出土的西周时期甲骨最多的遗址之一，甲骨大多集中发现在倒塌的建筑基址堆积中。以 2004 年庙王村西 H1 和 2008 年祝家巷北 G2 两处发掘地点出土的甲骨数量最多，共计有 8000 余版，有刻辞者 800 多版，能识别的文字达 2500 多个。这为研究西周时期甲骨及其文字提

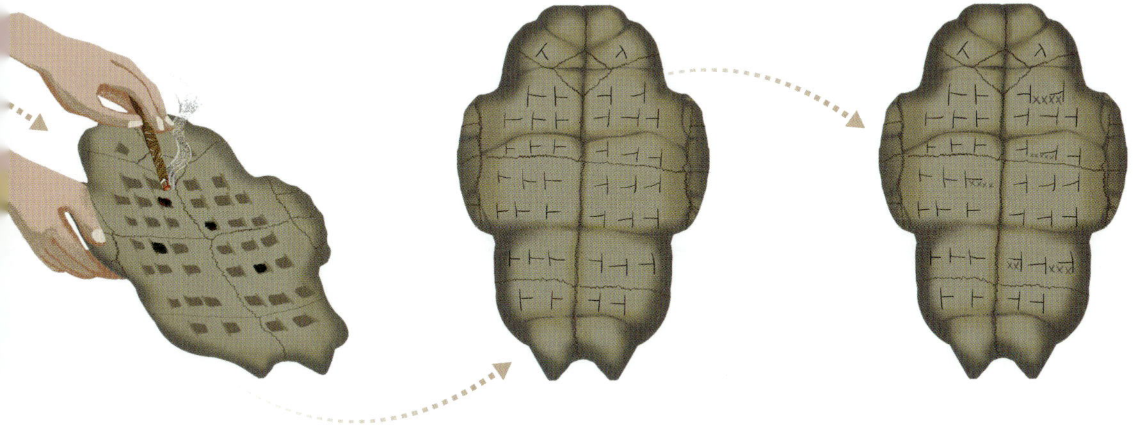

② 在钻凿内施灼　　③ 观察卜兆，判断吉凶　　④ 契刻卜辞

甲骨占卜步骤示意图

"周公"刻辞甲骨

“王季”刻辞甲骨

“文王”刻辞甲骨

供了丰富的学术资料。

岐山周公庙遗址出土的三片带有人名“周公”“文王”“王季”刻辞的甲骨似乎带着我们回到了《封神演义》中的神话世界，而这些甲骨上的名字都是真实存在的历史人物。神话与现实交相辉映，仿佛回到了那璀璨的周礼文明。

“周公”甲骨释文：

正：母[illegible]卜周公……

周 / 周。

背：周。

这片甲骨出土于2004年，是一片龟腹甲，正背两面皆有刻辞文字。内容虽不甚清晰，但“周公”二字的出现却使人为之一振，这也为“周公庙遗址”是周公家族采邑提供了实证。周公姬旦是周文王之子，武王之弟，周公摄政，东征平叛，营建成周，制礼作乐，致政成王，留千古美名。

“文王”甲骨释文：文王。

“文王”甲骨出土于2008年，仅余一小块残片，但“文王”二字却清晰可见。周文王名姬昌，原为殷商西伯侯，后称王，建立丰京，西周王朝的奠基者。周文王姬昌相传是《周易》的始创者。

“王季”甲骨释文：其者其自王季，三月。

“王季”甲骨出土于2008年，余一小块残片。王季又名季历，为周文王之父。据《史记·周本纪》记载，“古公卒，季历立，是为公季。公季脩古公遗道，笃於行义，诸侯顺之”。

这三片甲骨是子孙三代的人名，是先周晚期到西周初年历史人物的重现，也是商末周初时代变迁时的历史缩影。从季历到姬昌再到姬旦，西周王朝在周原这方沃土生根发芽，并在丰镐和成周大展宏图，建立长达800年的西周王朝，建立了延续至今的礼乐文明。

周公庙发现的甲骨文，除包含人物外，另有地理与方国、祭祀、战争、数字卦、占梦等刻辞内容。周公庙遗址出土的甲骨文中，屡次出现西周初期的一些重要人物，如“周公”等，说明占卜主体的等级很高，性质重要。而“王季”“文王”则首次见于甲骨文中。周公庙卜甲的年代应为西周早期，甚至可早到武王克商之时。埋藏卜甲的堆积形成时间至迟不晚于西周早中期之际。

尘封于地下3000年的周公庙刻辞甲骨的发现，为“西周甲骨学”研究带来了新契机，而“王季”卜甲的发现对于完善西周诸王年表有重要意义。

（赵艺蓬　牛海茹）

石峁石雕与玉器

探源中华文明

精美的石雕和大量的玉器是石峁文化高等级文化因素的物质载体。同时也揭示出石峁城在公元前第三千纪晚期中国北方地区的区域政体中心地位，是探讨中华文明起源和发展的重要遗物。

石峁城址面积逾 400 万平方米，以“皇城台”为中心，内、外城以石砌城垣为周界双重拱卫，巍峨壮观，气势恢宏，是迄今发现的距今 4000 年前后东亚地区规模最大的城址。皇城台为四围包砌石砌护墙的高阜台地，顶小底大，大致呈平顶金字塔状，台体四围以堑山砌筑的护坡石墙包裹，多达数十阶，层层退台，坚固雄厚，是内城和外城重重拱卫的核心区域。皇城台大台基位于皇城台顶部偏东，为一处夯筑而成的大型高台建筑基址，平面略呈圆角方形，夯土筑芯，周边以石墙包砌，高度不低于 5 米，总面积在 16000 平方米左右，形制规整，体量庞大。

石峁城址出土了大量精美的石雕，多出土于大台基南护墙处，目前已发现 80 余件，其中 20 余件仍嵌筑于南护墙墙面之上，1 件仍矗立在台体

皇城台大台基南护墙出土平面型石雕拓本

南侧夹道的地面之上，其余均出土于南护墙的倒塌堆积内。这些石雕大多保存较好，图像可辨。

根据大台基南侧地层堆积及出土遗物判断，大台基的修建和使用年代应当不晚于“石峁文化”中、晚期，这一年代范围大致可以代表石雕使用年代的下限。结合系列测年数据综合考量，石峁石雕的使用年代不晚于公元前 2000 年前后，沿用至公元前 1800 年。

以石雕的出土背景为前提，从图像所在的石雕基体着眼，可以将石峁石雕区分为平面型、塑像型及立柱型等三大类。

平面型，占绝大多数，多为长条形，基体石块除背部（与图像相对一面）仅稍经琢剥而不规整外，其余各面均经敲琢修整，平整方正。图像绝大多数雕刻于石块平整面，雕刻技法以减地浮雕为主，另有少量阴刻。根据构图方式，平面型石雕又可进一步划分为单体、对称、连续、组合四式，

皇城台大台基南护墙出土平面型石雕

其中以单体式最为常见。

单体式是指图像为一单独完整图案的石雕型式；对称式是指图像由两个或两个以上的单体图案构成的石雕型式，石雕图像以居中的主体图案为中心，两侧配有对称图案；连续式指图像由多个或多组连续刻画的几何形图案构成的石雕型式，这类石雕常见阴刻技法；组合式指由两个（或两个以上）不同题材的单体图案组合构成整体图像的石雕型式，此式石雕当具有一定的表意功能，或可解读为叙事图像。

平面型石雕的单体图案有动物、神兽、人头、符号以及装饰性纹样等

多种。其中以动物形图案发现最多，包括蛇、牛、虎、蟾蜍、羊、马等，刻画细致，形态逼真。这些动物形象多来自石峁先民的社会生活；神兽多为不见于现实中的兽形形象，以现实生活中常见的某类动物形象为原型，通过臆造、夸张或多种动物特征集合的方式形成写意动物形态，有扁头曲身有鳞者，也有长嘴有鬣者，因难以定名，故暂以神兽称之；人头形图案发现较多，人物冠饰、头部、嘴部、耳部、脸颊及表情等细节各不相同；符号类图案常见“X”“O”或眼形，一般单独出现；装饰性图案多为几何形，连续组成繁复图像或配置于其他主题图案之内作为画幅间隔使用。

塑像型，发现较少，以圆雕技法雕出轮廓，再以阴刻或浮雕刻画细部，主要为人、人头或动物形象。

立柱型，数量最少，以加工规整的柱形石块为基体，在柱体两面上直接雕刻人头部形象。这类石雕除底部外，顶部和柱身两面均有图案，两面图案可对称也可不同。

平面型石雕应与石峁遗址中已经发现的“藏玉于墙”和“人头奠基”现象具有大致相同的精神内涵，体现了石峁先民对皇城台大台基的精神寄托，更为重要的是石峁人希望通过这些石雕图案来表达他们的精神信仰，使其成为营造石峁王国聚落秩序及原始道德的重要载体。“万物有灵”是古代人类社会最为普遍的精神信仰和宗教观念，将以动物或神兽为主体图像的石雕砌筑于大台基护墙墙面

石峁遗址出土神面立柱型石雕及拓本

上，彰显着建造者和使用者将“有灵之物”的信仰观念与大台基有机结合的精神追求和现实意图。对于皇城台大台基的建造者和使用者而言，动物和神兽图案具有交通天地的媒介作用，面目狰狞、表情恐怖的兽面纹样还可起到驱邪、守护、聚气、保佑的作用。另外，将王者或神祇形象嵌筑于护墙，还可纪念和传扬祖先的“丰功伟绩”，彰显了大台基的“纪念碑”性质。

塑像型石雕或为偶像崇拜的物化载体，目前可见人和动物造型，刻画细致、造型生动，或可理解为被崇拜的王者和动物的写实形象，当系“庙堂之物”。

立柱型石雕上均雕出华丽的人物形象，或与平面型石雕中的人头图案内涵相通，只是换了一种表达形式和使用方式，就其出土位置及形状而言，

石峁遗址出土塑像型石雕

当系立于关键设施的重要部位，起到膜拜、崇尚的功能，大致与后世的图腾柱性质相类，其上的人物或为祖先或神祇。

作为石峁考古最为引人注目的遗物，石雕的发现远远超出以往学界对4000年前中国早期文明高度的判断，是石峁文化高等级文化因素的物质载体。同时也揭示出石峁城在公元前第三千纪晚期中国北方地区的区域政体中心地位，是探讨中华文明起源和发展的重要遗物。

除了精美的石雕，石峁遗址还因出土大量玉器而被世人所知，发现最早可以追溯到20世纪20年代。1929年，时任科隆远东美术馆代表的美籍德国人萨尔蒙尼曾在北京目睹来自榆林的农民求售牙璋等玉器42件，其中最大的一件长度超过50厘米的墨玉质“刀形端刃器”，经萨氏之手为德国科隆远东美术馆收藏。近年来的文物普查及调查发掘资料显示，榆林境

皇城台全景

皇城台大台基南护墙结构

内仅石峁遗址发现牙璋类玉器，有学者据此认定早年（20世纪二三十年代）流散欧美的一批墨玉牙璋源自榆林神木。据了解，石峁遗址的牙璋或风格类似的玉器已流散到了世界各地，大英博物馆、哈佛大学赛克勒博物馆、波士顿美术馆、芝加哥美术馆、白鹤美术馆、伦敦大学亚非学院等都有收藏。

石峁玉器首次进入国内学术界的视野是在20世纪70年代。1975年冬，陕西省文管会的戴应新先生在神木县高家堡公社前后四次共征集到玉器127件，多以片状玉器为主，器形包括牙璋、刀、铲、牙璧、环、斧、钺、璜等，还有部分鹰、鸟、蚕等以动物为原型的玉器。戴应新先生将征集的玉器进行分类研究，刊出后引起很大反响。1981年，中国社会科学研究院考古研究所张长寿先生来到石峁遗址进行调查，从当地村民手中征集了3

新华遗址玉器坑

件玉器。同年，西安半坡博物馆对石峁遗址进行了试掘，发现房址、灰坑、石棺葬、瓮棺葬等遗迹，出土器物以陶器为主，采集器物包括玉、石、骨、陶器等类。此次发掘对明确石峁遗址的文化内涵与性质起到了重要作用，然而关于玉器埋藏环境等问题仍然没有得到解决。

自 2012 年石峁遗址的大规模持续性考古工作开展以来，石峁玉器的出土地点，终得以确证。根据目前的考古发现，石峁玉器出土于石砌墙体和重要建筑基址、大型土坑墓和祭祀坑三类主要地点。石峁内城中的韩家圪旦墓地曾进行过大规模发掘，被认定为一处高等级贵族墓地。在 2014 年的发掘中，一些大型土坑墓虽遭到严重盗掘，仍出土有少量玉器及绿松石饰物。2020 年在石峁的卫星聚落府谷寨山遗址的发掘中发现了墓葬区，再次

皇城台门址出土玉钺

发掘了多座规模较大的龙山时代墓葬，墓葬中出土有玉琮改制的玉饰、玉管等随葬物，印证了石峁遗址的大型土坑墓当为玉器出土地点之一。目前在石峁遗址的发掘中暂未发现埋藏玉器的祭祀坑，但在属于同一考古学文化，相距仅 20 公里的神木新华遗址中，曾发现一处集中埋藏玉器的祭祀坑。36 件玉器集中出土于一长方形坑内，分 6 排排列，均竖直侧立插入土中，器物之间基本平行，器形有钺、铲、刀、斧、环、璋等，可能具备了祭祀祖先或自然神的神秘功能和特殊含义。最为特殊的当属于“藏玉于石”，在石峁遗址外城东门和皇城台的发掘中，多次在石筑建筑内发现玉器。大

外城东门发现“藏玉于墙”现象

多数器物出土位置明确，或出土于石墙墙体之内，放置于错缝平砌的石片之间或石墙周围的倒塌堆积内；或出土于建筑基础内，系修建建筑或铺设地面时事先埋入，器型多见玉铲、牙璋、玉璜、玉刀、玉锛等。这种特殊的玉器的埋藏方式显然不具有实用功能，如何解释目前尚难有确论，不排除修建者对于石墙、对于奠基的重视，是石峁统治者建设精神屏障的一部分。

石峁玉器种类繁多，常见的器型主要有牙璋、环、璧、璜、斧、钺、锛、刀、圭、琮、柄形器、配饰等，其中以大型片状玉器为主，牙璋、多孔刀极具特色。

牙璋

三牙璧

玉人面

玉兔

玉铲

从玉料来看，不同器型对玉料的选择不同。斧、钺、刀等器型玉质比较杂，有透闪石、阳起石、大理岩、蛇纹岩等，硬度和透明度不一，纹理较粗，杂质较多，多呈青色、绿色、灰色、褐色，有时甚至一件玉器可见多种混杂的颜色，色彩斑驳。牙璋多采用黑色墨玉，颜色较为纯净，局部带有不规则团块或波浪条斑。璧、环等多采用透闪石，温润细腻，颜色多为黄绿色、青白色为主。从工艺来看，石峁玉器切割技术非常发达，以片切割为主，偶见线切割，切面平整，最薄者仅为 1—2 毫米，令人叹为观止。斧、钺、刀等器物常见钻孔，均为单面钻成。改制现象也很常见，即将一件玉器切割改为其他器型，多见于将牙璋、玉琮等大且厚重器物切割为较薄的刀、钺等。

玉钺

石峁玉器年代的断定，多依靠于考古发掘中的地层关系和一些科学测年，构成了分期的标准。玉器的年代可分为早晚两期，早期属于龙山时代的晚期，晚期已经进入了夏代的纪年范畴，一些器物如牙璋等，早晚两期在器形和工艺显示出明显的差别。从玉器的风格上，能够看到不同地区文化交流的影子。比如牙璋作为一类特殊器物，引起了学术界高度的关注，在山东地区和中原腹地都能见到，后石家河文化及再晚一些的三星堆遗址也有发现，目前多数学者都倾向于牙璋的起源与石峁集团有非常深厚的渊源关系。石峁的鹰形玉笄和石家河的非常相似，包括虎头的造型，显示出受到多元文化影响，甚至一些玉琮还带有良渚文化的风格。

目前关于石峁玉器的研究，仍有一些基本问题尚待解决，但可以肯定的是，兴起于距今 4000 前后的石峁文化继红山文化和良渚文化衰落之后，已成为与齐家文化、后石家河文化鼎足而立的一处重要的史前用玉中心。

（邵晶　邱楠）

石鼓山青铜牺尊

呦呦鹿鸣

呦呦鹿鸣，食野之苹。我有嘉宾，鼓瑟吹笙。

——《诗经·小雅·鹿鸣》

2013年底，陕西宝鸡石鼓山M4发掘出土商末周初青铜礼器50件，其中有两件外形像鹿又乖萌可爱的铜器——牺尊，一经问世立刻引起了社会的极大关注。牺尊的造型融合了现实中包括草食类、肉食类或是鱼类、鸟类的多种动物灵动的特征，是古代青铜器中难得的极具感染力的艺术精品。

四号墓随葬的这两件青铜牺尊，一大一小，都是以鹿作为原型的动物形器，除纹饰略有差异外，造型极为相似，均置于该墓葬的2号壁龛中。大牺尊（编号M4：212），体形较大，发现于龛底中部。小牺尊（编号M4：214），体形较小，置于一鼎腹内。专家推测墓主人身份高贵，可能是当时该区域级别很高的贵族首领的配偶，但两件牺尊均没有发现铭文。

青铜牺尊

商末周初

大牺尊，通高41.5厘米，通长43.3厘米，腹深13.2厘米，重7.85千克

小牺尊，通高32.3厘米，长31.1厘米，腹深9.5厘米，重4.65千克

2013年陕西省宝鸡市石鼓山M4出土

传世和出土的以各种动物形态为原型的商周青铜礼器数量均不少，主要有觥和牺尊。这类青铜礼器多为单个动物造型，也有辅以龙形或鸟形等作为装饰附件。牺尊作为酒器，是古人意识中神兽的集合体，通常是以多种动物或它们的肢体和器官特征来加以组合构成。石鼓山出土的这两件牺尊便是此类写实性青铜艺术的杰作，不仅造型上完美再现了动物本身的形体特质，还以极富想象力的方式在逼真的形态中融合多种动物形象元素，这在已发现的青铜牺尊中十分罕见。以往的发现中，商周时期的鹿形青铜牺尊，除宝鸡石鼓山发现的之外还有两件，一件是 1984 年出土于陕西张家坡的“邓仲牺尊”，另一件是早年流失海外的“亚此兽形尊”，出土地域已不可考，时代约为西周早期。

以鹿为原型进行艺术创作，这是古人来源于自然现实生活的经验使然，而它们作为一种具有灵性、敏捷而又美丽的动物，也一定是激发古代工匠创意和想象力的灵感来源。石鼓山牺尊的神态塑造十分生动，它们前肢直立，后肢微曲，似有驻足静立、欲行又止、侧耳倾听、若有所思的情态，在纤毫毕现的艺术表达中呈现出微妙的动物肢体语言。中国最早的诗歌总集《诗经·鹿鸣》篇，以鹿起兴，比喻君子，宴饮嘉宾，意真辞切。这组鹿形牺尊的发现，进一步表明《诗经·鹿鸣》有着深厚的社会基础。

在商周时期的祭祀和礼仪活动中，青铜礼器往往承担着沟通天地、彰显政治权力的功能，用以祭祀神灵的物品，大多要艳丽、华美、夺目，以示虔诚。铜器上每种图案和图案的变体都有其特定内涵，只有当时的使用

大牺尊

者和享用者能够体味到其中深意。大牺尊腹部主体纹饰为凤鸟图案，形成鹿、凤共首的合体造型。“鹿首”的鼻、吻特征明显，凸睛圆目，阔耳竖立，双角弯曲交错，颈脖弧线优美，体态饱满健硕。牺尊腹内铸空，上部设盖启合，腹身两侧伸出一对鳍形翼。盖面弧曲，饰有对称龙纹，龙尾卷起相接。桥纽为圆雕双首的夔龙，构思精妙。臀部浑圆，短尾呈三角状，微翘，饰蝉纹。四足为食肉类动物的爪部特征，坚实有力。

由于牺尊周身装饰着繁密的动物图案，仿佛是用一件华丽的外衣包裹着整个身体，而布满纹饰的“外衣”造就了铜器上优美、丰富的肌理层次，又彰显出精致高贵的气派。纹饰类型丰富，以浮雕宽带纹为主，多有阴线云纹并以雷纹衬底，整体以脊线为中，呈对称状分布。牺尊的前身、前肩胛处，各饰带三根宽大的长条状羽翅的浮雕凤鸟，凤鸟的肢、爪附于牺尊前肢。后肢亦饰凤鸟，躯体肥硕，圆睛勾喙，角状羽冠，翅羽延至牺尊臀部。在两只凤鸟之间的三角区域，饰一双身蛇纹。牺尊脊部后端的兽面纹，鼻梁宽浅，粗眉凸目，

大牺尊（局部）

长阔嘴显露牙齿。

商周时期很多青铜器具有通体满花的装饰特点，流行平雕、浮雕与线刻相结合的手法，习称“三层花”，既有地纹，又有主纹，同时在主纹上重叠刻花，层次分明，繁缛富丽，使浮雕主体纹饰从周围的云雷地纹中凸现出来。石鼓山牺尊的装饰形式，鲜明地体现着“三层花”的工艺手段。为充分表现“鹿”的浑圆体型，器身上的纹饰并没有形成强烈的起伏与凹凸感，而是以平缓细腻的方式贴附于“鹿”的身体。阳线纹流畅的曲线形成的律动感不仅加强了动物形态的活力，也使兽面纹、凤鸟纹、龙纹和其他单体纹样，从云雷纹构成的地纹中分离出来。主纹与地纹的疏密关系相

大牺尊（局部）

辅相成，利用组合纹样与单独纹样相互配合的方式，地纹线条严密规整，利用细小的阴线纹单元与长线条勾勒的阳线主纹穿插互补，使主纹线条显得十分清晰有力。

古代的青铜工匠们可能远比我们想象的更富于智慧。石鼓山牺尊躯干的中轴线位置有一道范线，从部分错位的花纹上可以看到范缝的痕迹，贯穿于器身中部的所有纹饰区域，牺尊身体由此形成了对称的两个部分。在这种分范布局的框架下，左右两侧具有对称的基准，使纹饰的整体设计有序而缜密。工匠们在制作铜器模范时，有意识地规划和安排这些庞杂的纹饰素材。例如在牺尊胸腹部和躯干后部，对兽面纹的处理都作了不同安排；

大牺尊（局部）

牺尊盖部的双头龙纹，左右两半是近乎镜像对称；在牺尊臀部的凤鸟纹与腹间的三角区域，有一个首尾合闭的三角形双身蛇纹，恰好填充了两组凤鸟纹饰之间的过渡地带。这些现象说明，无论是器物局部还是整体装饰，工匠们都会灵活地将其纳入和谐均衡的审美意识中。

大牺尊背盖

石鼓山牺尊所展现的华丽精细的青铜艺术风格，被学界认为是商周之际青铜铸造与装饰工艺转型期的重要产物，具有商代晚期向西周早期发展的风格特征。与石鼓山其他不同风格的青铜器相比，牺尊在铸造工艺和装饰纹饰方面都是十分精湛和高超的，远远超越此前宝鸡本土青铜器，而且艺术风格发生了显著变化。这应该与当时周人借鉴、袭用商的技术传统有关。石鼓山牺尊的艺术表现形式，不仅反映了青铜器铸造技术和装饰风格的区域变化，还进一步体现了社会剧变的时代风貌。

（胡小玉　丁岩）

周原遗址贺家铜轮牙马车

金路煌煌

周原遗址贺家青铜轮牙马车很可能是「周礼王之五路」之「金路」，是西周高等级贵族在检阅部队或进行交流活动、迎送宾客时所用的车，仪礼性较强。

2014 年 8 月，周原考古队在宝鸡周原遗址贺家村以北开展考古勘探时发现了一处车马坑遗迹，北距著名的凤雏甲组西周建筑基址 150 米。经过初步发掘，显示坑内埋藏有一辆车，车轮牙系青铜铸成，十分罕见，车辖、车軎保存状况良好。车軎呈圆柱筒形，器身中间一道宽弦纹将其分为内端和外端，内端素面，外端纹饰清晰且镶嵌有绿松石。车辖为兽首形，兽面形象逼真，双耳竖立，双目圆睁，嘴角胡须卷曲上扬，五官均为阴刻并以绿松石镶嵌填充。

为了使车马坑内的车马遗存得到完整保护和科学细致地发掘，在不改变车马出土现状的情况下，考古人员将车马坑整体打包运回室内发掘。车马坑的室内清理工作历时三年多，考古人员联合文物保护人员对车马坑内

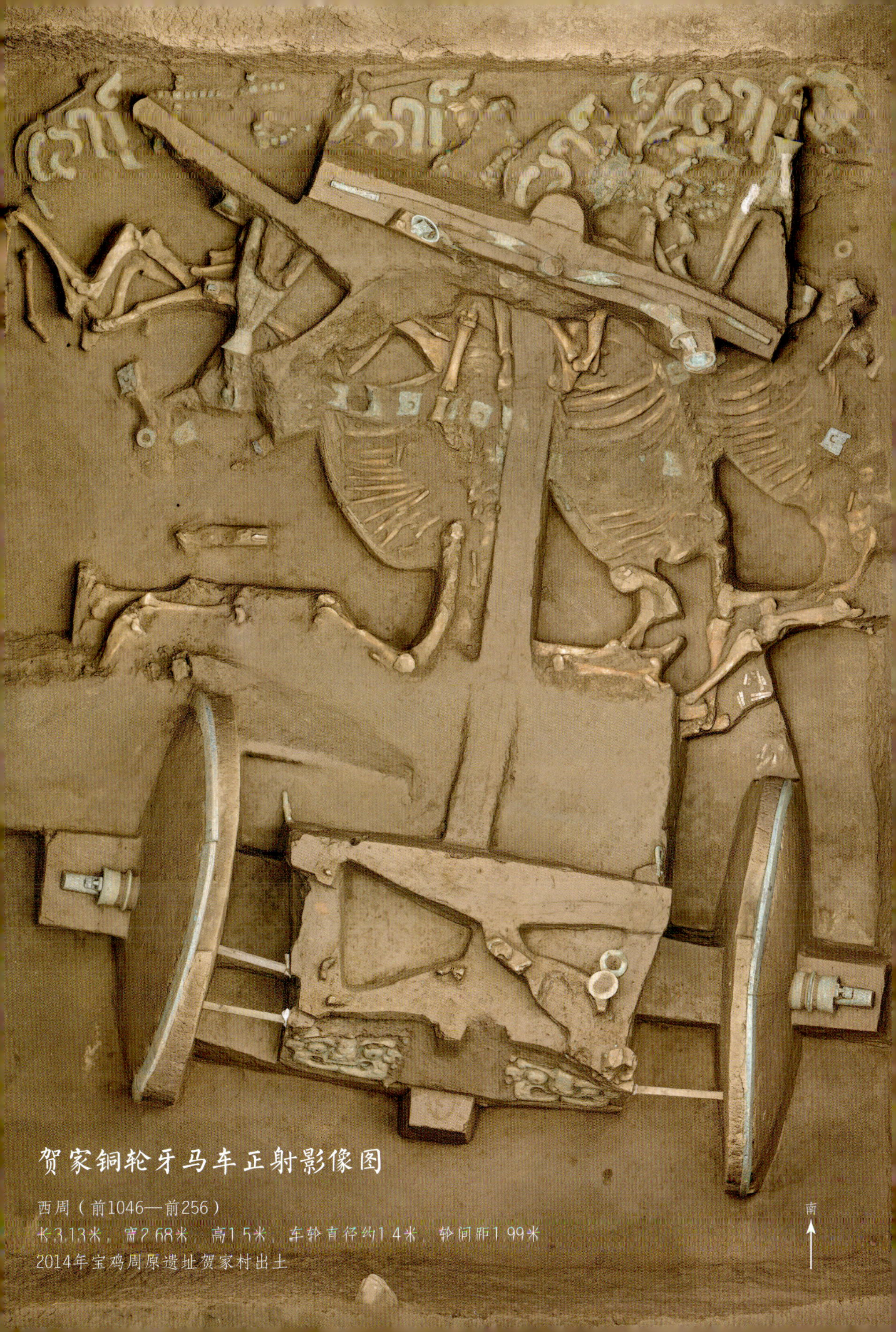

贺家铜轮牙马车正射影像图

西周（前1046—前256）

长3.13米，宽2.68米，高1.5米，车轮直径约1.4米，轮间距1.99米

2014年宝鸡周原遗址贺家村出土

车辖

的遗迹、遗物进行逐层揭露，运用高分辨率穿透雷达探测、显微照相、现场原位素分析、延时摄影、高清摄影、三维激光扫描等技术进行信息记录和提取，以期尽最大限度获取车辆信息。

车马坑遗迹由车体和四匹马的遗骸组成。最独特的地方在于整个马车木轮外包裹着青铜轮牙。轮牙由 4 段对接而成，轮牙横截面呈梯形，底边最宽 4.5 厘米，高 5.5 厘米，顶侧最厚处 1.5 厘米，是目前发现的唯一一套保存完整的商周时期青铜轮牙马车。形制几乎完全相同的青铜轮牙，早在西周之前一千年左右就已经在西亚和中亚地区存在。因而有学者认为，周原青铜轮牙马车的根源在西亚、中亚地区，其在东亚的出现，是以欧亚草

车辖、车軎清理加固后

原为媒介的东西文化交流的结果。

周原青铜轮牙马车形体较大，装饰更是精致复杂，大量镶嵌绿松石的车马器构件、薄壁青铜兽面、玉雕、青铜龙饰……华丽程度在西周马车发展史上堪称“第一豪车”。发掘者推测这辆车很少被使用，整个车轮的外沿均由青铜铸造而成，加上体型大、装饰繁杂，这么重的车行驶在泥土路上很容易被陷进去，不便于长距离出行。轮牙外围中部留下的浇铸痕迹，未被磨掉，也说明它很少被使用。虽然在车厢上发现有铜甲片、铜戈、铜镞等武器类遗物，但显然它不是用来作战的战车。

另外，马骨 DNA 分析结果显示，驾辕的四匹马均为雄性，且毛色均

銮铃及轭

马车左轮及青铜轮牙

清理后的青铜兽面及玉兽面（车舆后栏）

青铜龙（车轼立柱下）

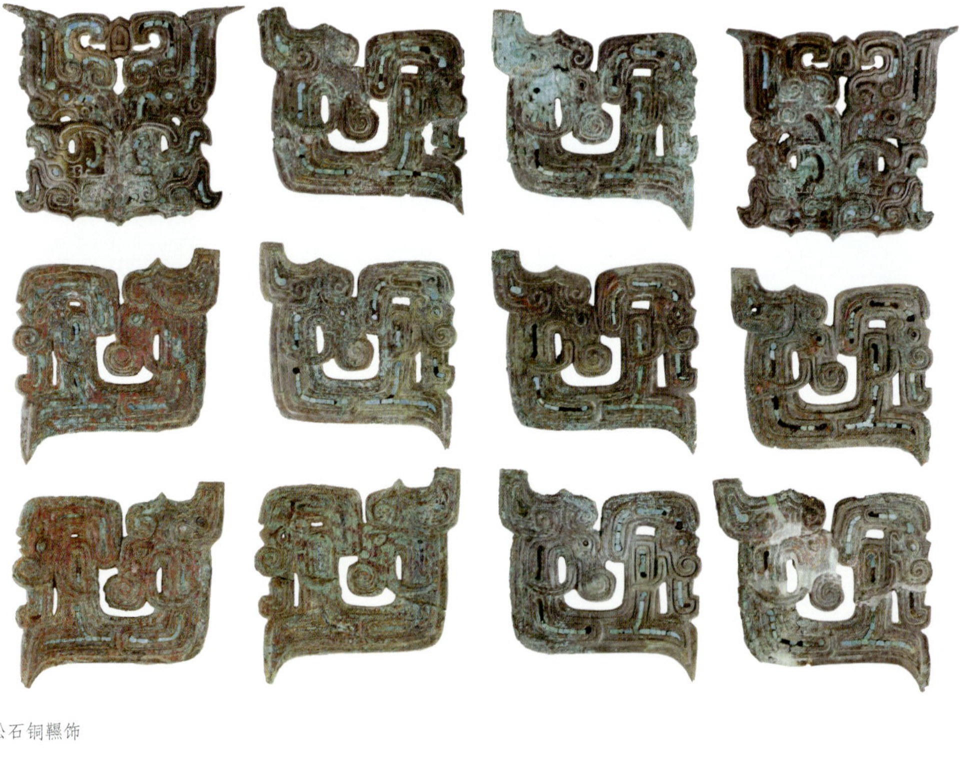

嵌绿松石铜䰀饰

为黑色。此外，在该车马坑的正北略偏西 1.3 米处还发现了另一座马坑。DNA 检测发现四匹马均为枣红色公马，与车马坑内的 4 匹马身高接近，推测可能是铜轮牙马车的“备胎”。马匹的多少显示主人的身份等级，《后汉书·舆服志》注引《逸礼·王度记》记曰：“天子驾六马，诸侯驾四，大夫三，士二，庶人一。”四匹马驾辕的马车，其主人身份应该是诸侯级别。

《后汉书·舆服志》注引载：“周礼王之五路，一曰玉路，二曰金路，三曰象路，四曰革路，五曰木路。释名曰：‘天子所乘曰路，路亦军事也……’。”《周礼·春官宗伯第三·司巫/神仕·巾车》云：“一曰玉路以祭祀。”又云：“金路，同姓以封；金路，以宾、同姓以封。象路，异姓以封；革路，以封四卫；木路，以封藩国。”郑注《巾车》云：“王子母弟虽为侯伯，画服如上公，乘金路。”又有《周礼·夏官司马第四·大驭/形方式》载：“齐仆掌驭金路，以宾。朝觐、宗遇、飨食，皆乘金路。其法仪，各以其等为车送逆之节。”意思是，齐仆负责（为王）驾驭金路以接待宾客，（诸侯）春朝、秋觐、夏宗、冬遇（而王）用飨礼和食礼款待诸侯时，都乘金路（迎送诸侯）。迎送的仪法是，依诸侯等级的高低，作为迎送远近的节度。玉路、金路、象路有革鞔，又有玉、金、象为饰。

由以上记载推测，周原遗址贺家青铜轮牙马车很可能是“周礼王之五路”之“金路”，是西周高等级贵族在检阅部队或进行交流活动、迎送宾客时所用的车，仪礼性较强。

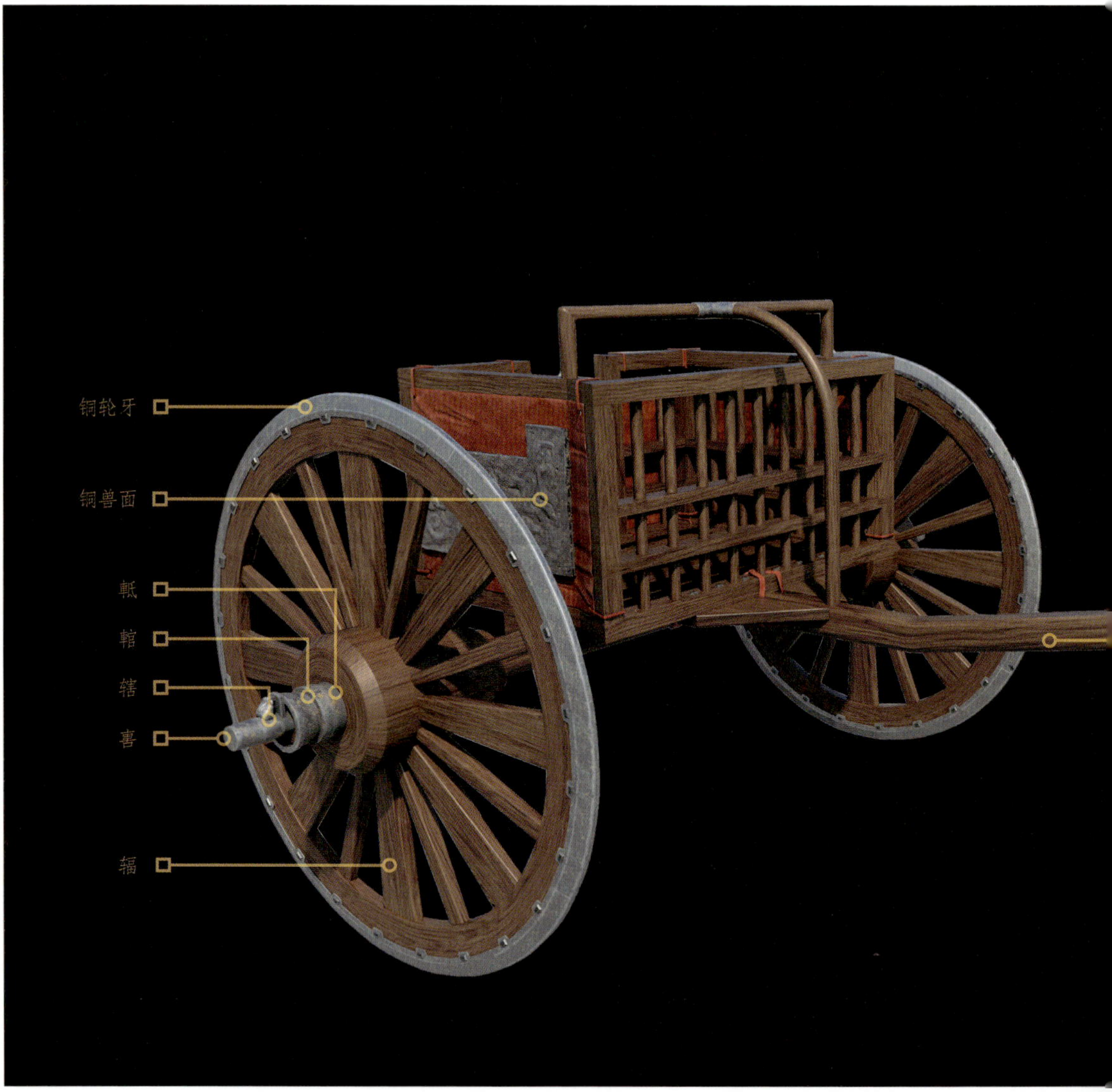

周原遗址贺家铜轮牙马车数字化复原

关于这座车马坑还有一个未解的谜团——它的主人是谁？一般来说，车马坑附近都会有与主人身份等级相匹配的大型墓葬，但遗憾的是墓葬一直没找到，因此西周豪车的墓主人尚不能明确。但从车辆规格、车马装饰的豪华程度、“金路”史料推测，它的主人必定是西周时期的一位高等级贵族，与周天子关系密切。关于这辆铜轮牙马车未知的谜题还有待考古人的继续探索和研究……

（王沛　杨磊）

芮国墓地木俑

『无中生有』消逝再现

周代木俑的价值不仅体现在将我国殉俑的历史提前到了西周时期，还在于展示了科技考古创新的方式与方法。

在陕西考古博物馆展厅的芮国遗址单元，各类青铜重器、金器饰品、精美玉器陈列其间，熠熠生辉，而被这些精美文物围绕其间的独立展柜中却是一件略显粗糙的木俑。讲解员带领观众来到此处时，首先会介绍其是一件周代木俑，当观众仔细观察时，再告诉大家这件木俑主体却是被石膏浇灌而成，只有外皮带有木质，那为什么会将其称之为木俑呢？一言一语之间勾起大家的浓厚兴趣，在观众期盼“解密”的眼神中娓娓道来它背后的故事……

2007 年 6 月，考古队在韩城市梁带村周代墓葬群一如既往地进行着发掘，当发掘的 M502 墓室填土距墓口约 6 米深处时，先后在二层台四角上分别发现了一个直径约 10 厘米的空洞。出于敏锐直觉，在场的考古专家

木俑

西周晚期
高100厘米
2007年陕西省韩城市梁带村遗址M502出土

立刻判断这不是简单的空洞，为了保证遗迹的形制完整，队员们立即停止了掘土并从洞口往里观察，看到洞内范围较大并有腐朽的木头痕迹，初步判断空洞可能为木质物体腐朽后所形成。

为了保存其内部完好的内容物，考古队员开始用软管向空洞内从下往上灌注很稀的石膏水，直至石膏水把四个空洞内全部填满。等待石膏凝固只是第一步，完整的提取出来还需要一系列复杂的操作。

在石膏自然凝固的过程中，考古队员对周围遗迹继续向下发掘，待石膏凝固后，先试着对西南角进行清理，经过仔细地剔剥，居然是一个人的形象，这在西周考古中尚属首次。对此重要发现，考古队员不敢掉以轻心，选用质地相对柔软的竹简，而不是手铲，认真剔除周围填土，尽量不伤及石膏体及附着于其上的颜料残迹。

田野清理工作继续一段后，除了足部，木俑身体部分已经基本展现了出来，根据第一个木俑的清理经验，考古队员又小心谨慎地清理了其他三个木俑。由于木俑空腔内都灌满了石膏，表面

考古人员如何发现木俑

考古人员如何清理木俑

的彩绘和木质都很脆弱。

由于田野清理受客观条件的限制，考古队员于是将木俑整体打包提取移位到实验室修复，在实验室内解决了石膏灌注不到双脚的问题。考古人员将清理中的每一个细节都详细地记录和照相，作为最后一步复原木俑的重要依据。通过各种实验，最终选用了渗透性强的黏合剂进行拼对与加固。通过以上的繁复工作，一组四件的周代木俑的原貌基本就这样被清理并复原了出来。

木俑虽然本体木质大多不存，但因为灌注得当，细致清理，耐心复原，

考古人员如何保护木俑

轮廓完全能看出，其中西南角的木俑保存状况最好，陕西考古博物馆所展出的正是这一件。这件俑整体形态为双手用力抓握的立姿，其通高100厘米，瓜子形面庞，中有较高的鼻梁，其下微凹的嘴，头两侧有雕出的耳朵。用黑彩勾出眉毛，描出垂于肩颈的长发，画出“T”字形飘带，用红彩装饰眼睛、鼻子、嘴巴、面庞、耳朵和颈部，上身整体呈横向长方形，身体以榫卯结构与两臂相接。下身裙摆呈等边梯形，两侧面和背面为褐色的原木质表面，双脚穿红色翘尖的平底鞋，鞋尖上有长达10余厘米的尖细饰物，可以挡住裙摆防止被踩到脚下以便行走，其中令人比较费解的是木俑双臂前伸，双手手心朝下，拇指上弯，其余四指向下作半握状。

对于这件木俑的身份用途，有的学者认为是御手俑，因木俑出土于一座甲字形西周大墓的二层台上，椁顶部摆放了五辆马车，这和梁带村其他墓葬都有所不同，

木俑出土现场

结合抓握的姿态，所以可能为御手俑。还有学者推测为《周礼·夏官》中所说的“狂夫四人”，狂夫四人是一个官职，是古代掌驱疫和墓葬时驱鬼的人。狂夫之下还有百隶，一般在墓室建好之后，百隶会拿各种东西敲击墓室，防止墓主受到来自地下的滋扰，为之驱邪，以上都只是推测，希望在之后的研究发现中能够解开这个谜题。

这件木俑的价值不仅体现在将我国殉俑的历史提前到了西周时期，还在于展示了科技考古创新的方式与方法，木俑经历两千多年已经腐朽了，仅留下了空洞，如果按照通常逐层清理的发掘方式，木俑就难以保存下来了，而正是由于考古专家有着丰富的发掘经验，在发现有机质残留时，创新地采用了浇灌石膏液体的方法，从而获得了完整的木俑形态，甚至还保留了木俑的部分漆皮，非常难得。之后另一处刘家洼芮国遗址也是借鉴了此方式完整地提取出两件木俑。

在国外也有类似的考古提取方式，意大利考古学家基尤赛普·菲奥雷里（Giuseppe Fiorelli 1823—1896），在庞贝古城的考古发掘中首次开始使用石膏作为填充物保存遗迹的形状，菲奥雷里发现火山灰下有许多空腔，将熟石膏灌进，等石膏液凝固后再剥去外面包裹，得到一具具遇难者临终的石膏像，定格了灾难来临的那一时刻。但与木俑不同的是，庞贝古城的空腔内含有遇难者的骨骼，那些石膏包裹的内容物是骨头之类难以腐烂的东西，需要在 CT 扫描技术下才能看到。

文化遗迹是古代人类活动留下或与其密切相关的痕迹。田野考古工作中最为重要的一环即是对文化遗迹的临时提取，文化遗迹长期处于地下埋藏中，长期受到地下复杂环境的影响，脆弱的文化遗迹提取工作进行得是否科学合理将决定该发掘工作的成败，如木俑这般最大限度地保留文化遗迹自身所蕴含的历史信息，活化历史场景也是现今考古工作的重中之重了。

（雍倩）

芮国墓地七璜联珠组玉佩

诸侯之礼级

七璜联珠组玉佩在芮国墓葬中只有在芮公墓和夫人仲姜墓中发现，次夫人无此等组玉佩，亦可以说明大型组玉佩在芮国有着严格的使用制度，只有诸侯及其嫡夫人才能使用如此高规格的多璜组玉佩。

2004 年，一群不法分子利用暮色和庄稼的掩护，在韩城市梁带村北面的田地里干起了盗墓的勾当。隆隆的炮声打破了这里恬静安逸的田园生活，于是，一些村民不顾安危，自发组织起来与盗墓贼进行斗争，这一义举引来了文物主管部门的高度重视。2005 年 4 月开始，考古部门展开了长达五年的考古勘探和发掘，先后探明两周墓葬 1300 余座，清理了带墓道的“中”字形和“甲”字形大墓 7 座和中小型墓葬 63 座，成为当年最重要的周代考古发现，2005 年被列入“全国十大考古新发现”。

据史料记载，在韩城境内活动过韩、梁两个周代封国，然而梁带村的出土器物中却集中出现了大批有“芮公”和“芮太子”铭文的青铜器，由此揭开了芮国这样一个在史书中只言片语的国家已经尘封的历史。这一重

韩城梁带村芮国墓地 M27 发掘现场

大发现对周代封国及芮国历史的研究无疑有着极其重要的学术价值。梁带村出土了各类文物上万件（组），质地有金、青铜、铁、玉石器等，这些文物对研究两周历史、礼乐制度、物质文化都有着极其重要的价值。

在这些出土文物中，青铜器无疑为大宗，除此之外，墓葬出土了大量的精美玉器，有些墓葬甚至连 1 件陶器都不出，却可见一两件玦类的小玉器。其中芮国国君芮桓公的夫人仲姜墓，出土了一件极其华丽的七璜联珠组玉佩。这件七璜联珠组玉佩共由多达 735 个组件组成，为不同时期玉器改制组合而成。佩戴于墓主人的胸腹部。璜为半圆形或弧形，两端各有三个牛鼻穿孔，自上而下个体渐小，除第一件外，第二与第三件璜、

七璜联珠组玉佩

新石器时代晚期至西周中期
总长105厘米（656最大璜：长16.5厘米，宽3.6厘米；662最小璜：长11.2厘米，宽2.4厘米）
陕西省韩城市梁带村芮国墓地M26出土

圆形牌，白玉，局部有少许黄色斑点。体扁薄，中央对钻一圆孔。两面雕刻，纹饰相同，均饰一尖尾盘卷龙纹，“臣”字眼，卷鼻，吐舌，尖角，龙身饰两组重环纹，为西周中期作品。

第一件璜出土时断为两截，青白玉，受沁呈黄褐色，局部有白化现象。两端和外缘均有齿棱凸出，下缘中部单面钻二圆形孔。正面采用西周中期常见的斜坡刀工艺雕琢，中央为线条流畅的“臣”字眼，两旁各雕有一条完整龙纹，身饰羽纹，年代为西周中期。本件玉璜改自玉璧。

第二与第三件璜，青白玉，因受沁致使大部分呈黄褐色，局部白化。其中M26：658背面留有剖切痕。

以上三件玉璜的玉质玉色，甚至沁色基本相同，原为同一块玉料，改制时间可能为春秋早期。

第四与第五件璜出土时均残断为两截，青白玉，受沁有黄褐色和黑褐色斑块。

第六与第七件璜，白玉，局部受沁有黄色斑块，玉质细腻温润。沿内外缘分别琢有头尾相向的龙纹，“臣”字眼，龙身饰羽纹及龙鳞纹，两端龙首之上，琢刻极细的平行阴线纹。背部素面并留有片锯切割痕，切割痕位置完全相同，故它们为侧面对剖，为西周中期的作品，改制时周可能为春秋早期。

晋姞梯形牌组玉佩

仲姜梯形牌组玉佩

第四与第五件璜均为同一玉璧一分为二，第六与第七件璜侧面对剖，迄今发现的西周时期的七璜组玉佩并不罕见，但梁带村出土的组玉佩中的璜并不是同时期制作的，均为西周中期制作的，这种改制早期玉器二次利用的情况在梁带村出土的玉器中屡见不鲜，也是芮国玉器的一大特色。

在已知的考古材料中，这类组玉佩主要见于诸侯和大夫级墓葬中，一般而言，诸侯级贵族所使用的组玉佩中璜的数量以 4—7 件者居多，具体数量带有较大的偶然性而缺乏定制，但大夫一级的贵族所佩戴的组玉佩通常只有 1—3 件玉璜，两者之间的差别是比较明显的。七璜联珠组玉佩在芮国墓葬中只有在芮公墓和夫人仲姜墓中发现，次夫人无此等组玉佩，亦可以说明大型组玉佩在芮国有着严格的使用制度，只有诸侯及其嫡夫人才能使用如此高规格的多璜组玉佩。

在西周和春秋早期，除了玉璜为主要构件的组玉佩外，还流行一种玉牌联珠串饰，即以一件梯形的玉牌为主体，在玉牌上下两端各有若干穿孔连缀多股玛瑙珠、料珠、玉管等一类的饰件。这种联珠玉牌组合是周代女性贵族的专有之物，而且都是佩戴在墓主右肩一侧而垂于腰部的。在芮国墓地中，除了芮桓公夫人仲姜墓中出土了梯形牌串饰，在西周晚期中型贵族墓 M300 中也出土了一件梯形牌串饰，根据青铜器铭文，可知此墓主人是姞姓的女性。总之，梁带村墓葬出土的玉组佩，为我们研究两周之际服饰制度提供了宝贵的资料。

（刘思哲）

芮国墓地夔龙纹小罐（铜匵）

发现最早的男性面霜

这件制作精巧、造型独特的夔龙纹小罐内保存的白色块状残留物，经检测为美白化妆品，这是中国发现最早的化妆品考古实物，也是男性使用化妆品的例证。此类器物的出土反映出春秋时期青铜器器用制度的转变和贵族时尚生活的追求。

刘家洼芮国遗址位于陕西省渭南市澄城县刘家洼村东，2017—2022 年进行了系统考古工作，发现有城壕、宫城、官署区、贵族墓地、居住区等遗迹，出土大量精美的玉器、金器、铜器等文物，确定为一处芮国后期的都邑遗址，距今约 2700 年。遗址内涵丰富，面貌清晰，性质明确，被评为 2018 年“全国十大考古新发现”，被国务院公布为第八批全国重点文物保护单位。澄城刘家洼遗址是继韩城梁带村墓地后芮国考古的又一次重大发现，丰富和完善了芮国文化和历史。

夔龙纹小罐器形小巧，整体呈 U 形，横截面呈椭圆形。器直口，口外有双贯耳，腹微鼓，圜底。盖弧顶，子口，两侧对称凸出两个小纽与器身两耳相对应。盖顶饰蟠龙纹，器口部饰 Z 形条带纹，上腹部饰两组夔龙纹，

夔龙纹小罐发掘现场

下腹部饰弦纹及三排垂鳞纹。此器制作精美，打磨较好。该罐出土于刘家洼芮国遗址东 I 区 M49，随葬有鼎 3 簋 4 壶 2 盘 1 匜 1 甗 1 共 12 件青铜礼器，另有铜兵器、车马器以及少量玉石器，墓主人为一位男性贵族。夔龙纹小罐置于墓室棺椁之间西北角，出土时器盖、体合封，罐内保留有 6 克左右的白色块状残留物。

考古队联合中国科学院大学采用现代科技手段对残留物进行了全面检测分析，该残留物包含有机成分和无机成分。通过红外光谱、X 射线衍射、

夔龙纹小罐（铜匵）

春秋（前770—前476）
口长径5.5厘米，短径4.3厘米，器高5.9厘米，通高7.5厘米
陕西省渭南市澄城县刘家洼芮国遗址M49出土

电镜 - 能谱分析结果表明无机成分主要为一水碳酸钙；碳酸盐的氧同位素分析表明其来源于淡水环境；红外光谱、气质联用分析表明有机成分为动物油脂，通过脂肪酸单体碳同位素分析证明油脂来源于反刍动物体脂。

此反刍动物被喂食了大量碳 4（C4）类食物（可能为小米以及小米秸

秆等副产品），导致单体碳同位素正向偏移，结合动物饲养策略推测很可能为圈养的牛，即其油脂为牛脂。研究结果表明，铜罐内的残留物由反刍动物体脂（牛脂）作为基质混合了一水碳酸钙颗粒，它是美白化妆品，增白的底霜。由于出土在男性墓葬中，就成为目前发现的中国最早的男性化妆品考古实物，这个结果令考古发掘者也很惊喜，这就是考古与科技结合的范例。这项研究成果已经发表在国际专业期刊《科技考古》上。有网友评论说，2000 多年的古人生活就如此精致，与他们相比，我们粗糙了；还

M49 夔龙纹小罐（铜匵）内白色块状残留物

有人建议开发男士护肤品，肯定比大宝畅销。

这类青铜小罐器形小巧、精致、美观、便携，在青铜器类中格外引人注目，流行于春秋时期，主要分布在晋陕豫黄河三角洲和山东地区，山西和湖北偶有发现，多随葬于大中型墓葬中，组合信息明确者以三鼎墓以上者为主，男女均用，在墓葬中与礼乐器分置，显然功能有别。根据芮国遗址这件铜罐残留物分析结果，这类小罐应是盛纳化妆品之器。

动物脂肪作为基质生产药膏、化妆品等在《韩非子》《诗经》《山海经》《五十二病方》等先秦文献中虽有记载，但描述简单，此前也没有考古实物验证。中国所知首次记录面脂制作方法的古文献是南北朝时期的《齐民要术》，当中明确"用牛髓。牛髓少者，用牛脂和之。若无髓，空用脂亦得也"的合面脂法。夔龙纹小罐内以牛脂为基质的美容面脂的发现，表明中国东周先民就已经制作并使用以油脂为基质的美容面脂，这比《齐民要术》记载的要早 1000 多年，从而将中国先民制作面脂的历史提前了 1000 多年，也是先秦时期手工业发展和化妆品应用的重要考古实物证据，弥补了先秦时期化妆品实物的空白。同时，芮国先民将牛脂应用于美容面脂等手工业的制作中，为中国古代化妆品产业兴起以及油脂在手工业中的应用等研究提供了重要的参考。据了解，以油脂为基质的美容化妆品，在世界各地均有发现。例如，英国伦敦就曾出土一盒公元 2 世纪罗马时期的化妆品，其配方就是反刍动物油脂 + 二氧化锡 + 淀粉。

该类铜罐多出土于贵族墓葬，墓主人有国君、国君夫人以及公卿大族等，是贵族彰显其身份的一种表现，表明贵族阶层在使用化妆品，在引领“时尚”的同时，也是贵族阶层内部文化认同的外在表现。这类铜小罐在男女墓葬中都有发现，说明化妆本就不是女性的专利，男子也同样如此。《汉书·佞幸传》中载“孝惠时郎侍中皆冠鵔鸃、贝带、傅脂粉”；三国魏国尚书何宴素有“敷粉何郎”的雅号，史书上记载他“粉白不去手，行步顾影”；梁朝男子不仅敷粉，还要施朱（胭脂），且刮掉胡子，熏香衣裤，如《颜氏家训·勉学》中载“梁朝全盛之时，贵游子弟……无不熏衣剃面，傅粉施朱”。刘家洼遗址化妆品检测成果则证实，早在春秋早期中国就已存在男性化妆的社会风尚。

化妆品的使用在人类文明发展史上留下浓墨重彩的一笔，在世界各地均有古代化妆品遗存发现，几大文明古国如古埃及、古希腊等地区，化妆品应用有着丰富的古文献记载和考古实物遗存。西方学者通过现代科技手段，对埃及、希腊、罗马的古代化妆品遗存进行了深入分析研究，通过化妆品的制作方法及使用族群分析了解古人独特的审美情趣、特殊的宗教仪式以及动植物资源、矿物资源的利用和手工业技术的发展。相比而言，有着五千年灿烂辉煌文明的中国，现已发展成为化妆品生产及使用大国，是世界上第二大化妆品消费市场，但目前在古代化妆品研究方面远远落后于西方，也与考古出土先秦时期丰富的物质文化遗存不符。刘家洼芮国遗址出土化妆品研究成果，将为未来更多化妆品遗存的发现与研究提供借鉴。

（孙战伟）

帝国君子长臂猿头骨

识骨寻踪『猿』来有你

2018年6月22日，美国《科学》杂志官网发布消息，在中英两国学者的合作下，确认2006年在中国陕西神禾原秦陵园出土的动物遗骸属于一种现已灭绝的长臂猿新属种

“两岸猿声啼不住，轻舟已过万重山”“风急天高猿啸哀，渚清沙白鸟飞回”“暮猿啼处三声绝，寒雁归时一叶秋”……这些诗句出自不同的诗篇，表达出了松快、悲哀、寂寥等不同的情感，但都借用了同一个意向——长臂猿。长臂猿拥有发达的喉囊，善于鸣叫，又具有呼应齐鸣的习性，在茂密的森林中猿声此起彼伏，震动山谷，能引发文人骚客的无限遐想。现存的长臂猿一科四属，包括长臂猿属、黑冠长臂猿属、白眉长臂猿属及合趾猿属。古人认为长臂猿舒展的形态和出没于深山老林的习性是一种纯粹的象征，因此赋予它们长寿的意向，逐而衍生出猿为君子、猿为仙人的思想，频频出现在诗句、绘画、画像砖等文化媒介中，成为一种文化符号，与我们共生共存。

战国秦墓出土的帝国君子长臂猿头骨

自2011年起，中外联合研究团队在西安市长安区神禾原一座战国秦墓12号陪葬坑中发现了长臂猿骨骼，研究后确定为长臂猿新属种，而这座陵墓的主人正是秦始皇的祖母夏太后，根据晋代古籍《抱朴子》的“君子为猿为鹤，小人为虫为沙”，以及它出自秦帝国始皇祖母陵园的经历，定名为帝国君子长臂猿（*Junzi imperialis*），即君子长臂猿属，帝国君子长臂猿种，此定名既富有象征意义，又有着时代特征。可惜的是帝国君子长臂猿在被现代人知晓前就已经灭绝了，空留一副骨骼面孔及残缺肢骨给后人。

帝国君子长臂猿出土的陪葬坑呈长条状，是名副其实的“珍禽异兽”坑，约长14米，宽2.5米，深3.7米，北段陪葬的是“珍禽”，南段陪葬的是“异兽”，异兽从南到北依次是豹、猞猁、黑熊、岩羊及在东侧存留的长臂猿，遗存包括残头骨、下颌骨和前肢骨。多种珍稀野生飞禽和猛兽随葬于12号陪葬坑，应当呈现的是王公贵族在皇家苑囿中悠游赏玩的珍贵动物。而长臂猿是“异兽”中最引人注目的一种灵长类动物。

那么这只长臂猿的身份是如何被破译的？这就不得不提到考古学的分支——动物考古学，其让动物骨骼“开口说话”，已成为考古领域不可或缺的一部分。动物考古通过骨骼来鉴定动物的种属，目前常用的办法有两种：形态学鉴定及古DNA测序。考虑到这件长臂猿样本独特的考古价值，古DNA测序会破坏样本的完整性，科学家主要选择了形态测量分析的办法。通过形态观测、3D建模、16处标志点的测量确认，该长臂猿不同于现生和已灭绝的任何一种长臂猿，与现存的长臂猿相比，新发现的这个物种有着相对较扁平且较小的面部，且按该物种的大小来说犬齿特别的长。测量数据也和现在已知的四个长臂猿属（长臂猿属、白眉长臂猿属、黑冠长臂猿属和合趾猿属）没有聚合，通过 3D 数字扫描并将其形状与亚洲数百个长臂猿科动物以及德国和英国等博物馆收藏的标本进行比较，发现该物种特征十分突出，与其他属种明显不同，因此分析应属于一个新的属种。

至于这只长臂猿来自哪里？动物考古专家推测来自本地。汉学家高罗佩在《长臂猿考》中提到，一直至公元 10 世纪，长安附近都有人捕捉长臂猿。当时气候比较湿热，森林茂密，适合长臂猿生存。根据地方志记载，从陇山、秦岭到大巴山地一直有长臂猿分布，它们的消失时间大约是 20 世纪 40 年代。

小小的动物骨骼，折射出人类在文明进程中与环境的相互影响。近 3000 年来我国长臂猿的栖息北界曾到达北纬 36°，分布范围包括陕西在内的 15 个省区，而现在退居北纬 25° 以南，仅分布于云南省西南边陲与海南岛西南山地。森林质量下降和偷猎正在威胁现生长臂猿的生存，长臂猿因为环境变化和人为原因等大量灭绝，这在《里耶秦简》中也有记录，已公布的多枚与捕猿相关的简不但揭示了秦代湘西地区长臂猿的分布情况，还记录了迁陵县安排大量人力捕捉长臂猿作为贡品献给秦始皇的史实。君子属帝国种长臂猿是个令人欣喜的发现，同时也是令人警醒的故事。

北宋画家易元吉善于画长臂猿，栩栩如生，但是他画的长臂猿，据学者考证与已知的现生任何长臂猿都明显不同，意味着画中的物种可能也灭

宋 易元吉 《枇杷猿戏图》轴

绝了。今天的我们，只能在古人的画作和骨骼遗存中一窥已灭绝长臂猿的面貌。那么将来，我们的子孙是不是也只有看到视频才知道，这世上本有一种叫长臂猿的动物？中国曾经分布有 6 种长臂猿，白掌长臂猿和北白颊长臂猿已经在中国境内野外灭绝，海南长臂猿和东黑冠长臂猿的数量不足 30 只，天行长臂猿不足 150 只，而数量最多的西黑冠长臂猿也仅有 1000—1300 只。希望这个发现能引起更多人关注中国长臂猿的保护，不要让这些美丽的生灵消失。

（雍倩　杨曈）

秦公一号大墓出土石磬

天子匽喜 共桓是嗣

秦公一号大墓考古发掘的文化价值和学术价值还远不止于此，宏伟的陵墓不仅见证了秦国当时的强大国力，也说明了秦景公在秦国历史上的昭著地位。

陕西凤翔古称雍，秦国定都咸阳前，曾以雍城为都 290 余年（公元前 677—前 383 年）。尽管后来国都迁往咸阳，但秦人先祖的宗庙仍在雍城，历代国君都要回雍城祭畤拜祖。按照《史记・秦始皇本纪》的记载，有十多位秦公均葬雍城，这些陵墓到底在哪？多年来成为考古工作者和历史学家苦苦探寻的问题。

据文献记载，先秦墓葬“不封不树”，地面没有封土，也不树立标志，加上两千多年漫长历史岁月的洗礼，要找到它们并非易事。早在 1933 年，国立北平研究院就曾派徐炳昶、常惠到陕西，搜集周秦两民族初期之历史材料。新中国成立后，雍城的考古工作也持续备受重视。

1976 年，雍城考古队正式组建，考古队员们在凤翔大规模调查，继续

铭文石磬

春秋晚期

长62厘米，宽16.6厘米，厚4.4厘米

陕西省宝鸡市凤翔区秦公一号大墓出土

寻找秦公墓葬，经历了一个冬天的艰苦勘探和踏查，没有找到任何线索，考古队员们一度陷入了困惑和迷惘。直到村民提到村里有块地很奇怪，“很瓷实，不长庄稼”，引起了队员们的注意。经过钻探，一个巨大的“中”字形轮廓逐渐显现出来，这无疑是一处秦公墓葬。由于它是在雍城发现的第一座秦公大墓，所以被考古队命名为“秦公一号大墓”。

1976 年 12 月，经上级部门批准，秦公一号大墓的发掘在凤翔县南指挥村开始了，不知不觉中竟发掘了十个年头。大墓平面为中字形，由东西两条墓道和墓室三部分组成，长 300 米，墓室深 24 米。墓中共发现 186 具殉人，其中箱殉 72 具、匣殉 94 具，另有人牲 20 具。椁室由主椁室与副椁室组成，各有柏木椁具一套。墓内出土铜、铁、金、玉、陶、漆器及纺织

铭文石磬

品等各类文物 3500 多件。

秦公一号大墓内出土的玉器多达千件，有符节、葬玉、埋玉、佩玉等。比较特别的是，在椁盖正中的朱砂上面，放置的玉石鞋底便是一种“符节”玉器。所谓“符节”就是古代派遣使者或调兵时用作凭证的东西，一般用竹、木、玉、铜等制成，刻上文字，分成两半，一半存朝廷，另一半给外任官员或出征将帅。鞋底象征着征伐异国，保卫疆域的权力。虽然手持鞋底调动军队在今天看来可能不太严肃，但却可以认定大墓的主人是秦国国君无疑。

墓葬经过了严重盗扰，共发现盗洞 247 个。铜器大部分被盗，考古工作者无法从铜器铭文中获得墓主人的信息。万幸的是，在劫后余生的文物中，发现了铭文石磬 29 件，缀合后有 26 条、206 字（包括重文 6 字）。有几枚石磬铭文相同，但字体大小不一，铭文内容涉及音乐、秦国世系、祭祀、地名、纪年等信息。字体为籀文大篆，磬铭文字与传世秦公钟、秦公簋接近，更与“石鼓文”相似。秦公大墓石磬上的文字，字数不多，但

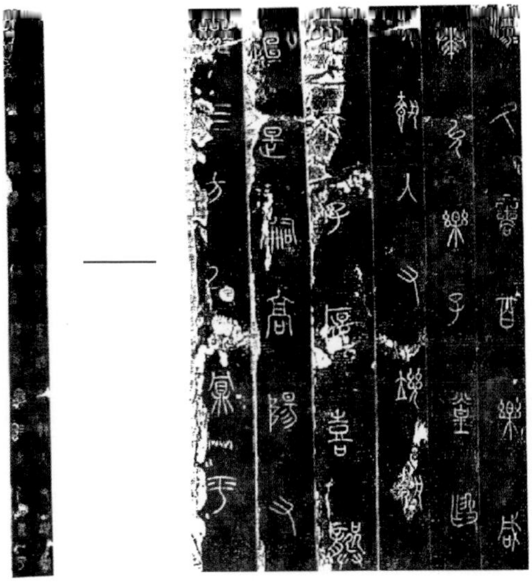

秦公一号大墓出土石磬铭文拓本

字形优美，结构均衡、对称、稳定，笔道均匀圆融。

磬铭最长的一条为：灪灪（汤汤）氒（厥）商，百乐咸奏，允乐孔煌。 铵虎（鉏铻）覣入，又（有）蠘（䜿）覣羕（漾）。天子匽喜，龏（共）趄（桓）是嗣。高阳又（有）霝（灵），四方以鼏（宓）平……

大意是：（磬发出的）商调洪亮高亢。各种乐器合奏，气氛极其快乐而激昂。鉏铻入乐，音乐徐徐而止，余音荡漾。参加宴会的周天子显得分外高兴，由他认可，（秦新君）继承共、桓大统。（始生帝）高阳氏神灵保佑，秦四境内安宁和平。残磬铭文中还有“隹（惟）四年八月初吉甲申……”句。由这几条铭文可推断，此磬为秦景公四年（公元前 573 年八月初二或初三）亲政祭祖、祭天之物。出土石磬最少有 3 套，磬铭关乎秦公即位的合法性，故以之随葬。秦公一号大墓的墓主应为春秋晚期的秦景公。

秦景公是秦桓公的长子，秦穆公四世孙，秦立国后第 13 代国君，在雍城享国的第 8 位秦公，统治秦国长达 40 年之久，是秦国建都雍城期间在位

秦公一号大墓考古发掘现场

秦公一号大墓“黄肠题凑”

时间最长的国君，也是一位非常有作为的秦君。据史料记载，秦景公在位期间，继承了穆公、桓公的执政方略，坚持东进，将秦国势力不断推向中原，并在与晋国及其盟国的多次交战中屡次取胜，使得秦国日渐强盛。

发掘后的秦公一号大墓，占据了中国考古学史上五个之最：一是中国考古发掘的规模最大的先秦时期墓葬；二是椁室中南北两壁带有柏木榫头的椁木组成长方形框式主椁，是我国迄今发掘出的最早的一套“黄肠题凑”葬具；三是殉人最多，共 186 人；四是主椁室上方两侧各有一个直径约 40 厘米、残高不到 2 米的粗大木桩，被认为是为秦公下葬而专门设置的“木碑”，

秦公一号大墓“黄肠题凑”（局部）

秦公一号大墓“黄肠题凑”（局部）

其实用功能为下葬时吊送棺木的立轴，是中国最早的墓碑实物；五是出土了中国最早的刻铭石磬。

秦公一号大墓发掘的文化价值和学术价值还远不止于此，宏伟的陵墓不仅见证了秦国当时的强大国力，也说明了秦景公在秦国历史上的昭著地位，大墓内“黄肠题凑”葬制的僭越必然是建立在一定的经济、政治和军事基础上的。发掘的种种遗存，仿佛一把打开时空隧道的钥匙，让我们再次回到了那个遥远神秘的时代。

（王沛）

秦咸阳宫壁画

铁血大秦的柔情一面

二匹黑色的骏马并架疾驰，御手身着大袖缁衣，身体前倾，仿佛在承接扑面而来的劲风，右手执鞭高甩。整体画面动感十足，意境恣意洒脱，似乎这辆轻车的御手正是怀抱裹挟天下之志的秦王，在统一的大道上一往无前。

20 世纪七八十年代，秦咸阳宫一、二、三号宫殿建筑遗址的发掘举世瞩目，通过考古工作，我们得以了解2000年前秦国宫室的风采。在高大巍峨、布局严谨的夯土建筑之中，大量色彩艳丽、富有情趣的壁画残块出土。大秦帝国不只有铁血烽烟，更有柔情一面。

南临渭水、北倚九嵕，故名咸阳。秦咸阳城作为中国历史上第一个统一帝国的政治、经济、军事和文化中心，是秦帝国巅峰的见证。自公元前350 年秦孝公始建，历经惠文王、武王、昭襄王、孝文王、庄襄王、秦始皇、二世和子婴共九代 144 年，包括了秦统一前后战国和秦代两个时期。

根据文献记载，孝公时期咸阳城营建的宫室都在渭河北部，有“咸阳宫”“冀阙”等。伴随国家实力的不断增强，惠文王时期“广大宫室”，

秦咸阳宫三号宫殿遗址发掘后全景

咸阳城规模随之扩大为“南临渭、北临泾”。昭襄王时期又开始向渭河以南发展，先后修建了兴乐宫、章台宫等大型建筑群，又架横桥以通南北，形成“渭水贯都”的格局。秦始皇时期，则在渭河北部扩建先王宫室、建造六国宫殿，渭河以南又增修极庙、信宫、阿房宫等，都城规模史称“离宫别馆，亭台楼阁，连绵复压三百余里，隔离天日”，咸阳城遂成为一座规模空前的国际化大都市。

1959 年，考古部门首次针对秦咸阳城开展有计划性的考古调查、勘探、试掘工作。自 1973 年至 1982 年间，考古工作者陆续发掘了宫殿区内的一、二、三号宫殿建筑遗址，其中出土各式壁画残块共计 659 块以及未脱落的保存较为完好的、长达 30 余米的三号宫殿壁画廊道一处。这是全国首次发现的宫廷装饰壁画，其中绚丽的色彩、丰富的内容为我们研究东周、秦汉时期宫殿建筑装饰技法、美术史提供了极为宝贵的实物资料。

顾名思义，壁画指在墙壁上绘制的画作，是人类历史上最为悠久的绘画形式。从旧石器时代晚期开始，在山洞或山体上绘制的岩画可以说是壁画的雏形，如我国内蒙古阴山岩画、江苏连云港孔望山将军崖岩画等。进入新石器时代晚期，随着人类审美水平、绘画技艺、绘画工具的提升，开始出现真正意义的在建筑物墙面上以颜料绘制图像的壁画，比如陕西神木石峁遗址出土的壁画残块。自此之后，我国古代壁画艺术一直延续到明清时期，未曾断绝，并不断推陈出新。根据应用场景的不同，中国古代壁画形成建筑壁画和墓葬壁画两大分支。由于不同遗存的保存特性，唐宋以前的建筑壁画在考古发掘中极为少见。

秦咸阳宫壁画出土时多为脱落于墙面的残块，但由于大量采用天然矿物颜料，发现时仍艳丽如新，多见黑、赭、黄、大红、朱红、石青、石绿、蓝、紫、白等颜色，其中特别是蓝色与紫色，是由人工合成的矿物形成，这两种色彩在秦兵马俑上也多有发现。目前在世界上所见最早使用记录的只有我国，所以这两种颜色也被称为“中国蓝”“中国紫”。壁画内容十分丰

秦咸阳宫三号宫殿出土壁画 凤羽（中国紫）

富，有几何纹饰、动植物、亭台建筑、人物、车马出行、神异怪兽，等等。绘制笔法精细娴熟，线条有的雄健犀利，比如奔腾的骏马、张牙舞爪的神异怪兽；有的温婉柔美，比如探手旋身的侍女形象、迎风舞荡的纤纤柳枝。

根据考古发掘的现场推测，这些壁画在宫室房间的内墙少见，多位于廊道或者台榭建筑底层房屋的外墙下部。这与我国上古时代的房屋装饰习惯正是相符的，《说苑·反质篇》引《墨子》佚文将其称之为“宫墙文画”“锦绣被堂”。壁画的绘制方式繁琐考究，在夯土墙面上先以厚约 5 厘米的粗草泥打底，再涂抹一层厚约 1 厘米的谷糠细泥，用厚约 0.5 厘米的白灰浆粉刷抹光后绘制画作。在三号宫殿的倡优图壁画上还能看到一处打底稿的痕迹，在正式绘成的倡优人物左侧有一个以墨线简单浅勾的人物形象，显示出画工的精细用心。

如今正在陕西考古博物馆展出的壁画“车马出行图”出土于三号宫殿宫室门道地面的倒塌堆积层中，出土时画面朝上、稍稍倾斜。在一个菱形方格中，二匹黑色的骏马并架疾驰，马头高昂，前肢跨步，后肢伏曲作飞奔状。车舆内御手身着大袖缁衣，身体前倾，仿佛在承接扑面而来的劲风，右手执鞭高甩。整体画面动感十足，意境恣意洒脱，似乎这辆轻车的御手正是怀抱裹挟天下之志的秦王，在统一的大道上一往无前。时过境迁，无名画师已湮没在历史长河

秦咸阳宫三号宫殿出土壁画 怪异动物

秦咸阳宫三号宫殿出土壁画 倡优图

秦咸阳宫壁画（车马出行图）

战国晚期至秦
长59厘米，高33.5厘米
陕西省咸阳市渭城区出土

之中，但这幅画作在两千余年后仍能被我们欣赏，幸哉。

公元前 206 年，项羽入咸阳烧宫室，“大火三月不绝”，曾经辉煌绚丽的宫室终成断壁残垣。试想，或许某某也曾漫步在绘满壁画的廊道之上，晴空亮丽，耳边没有隆隆战鼓，眼前不见铁马烽烟，这一刻是属于大秦的柔情。须知秦人不只无衣，尚有蒹葭。

（李杨）

秦始皇帝陵文吏俑

考古确认最早的公务员

那时的文字工作者大多离不开刀笔，秦时用简牍书写文字，写错的时候用削刀刮掉另写，砥石则用来磨刀。

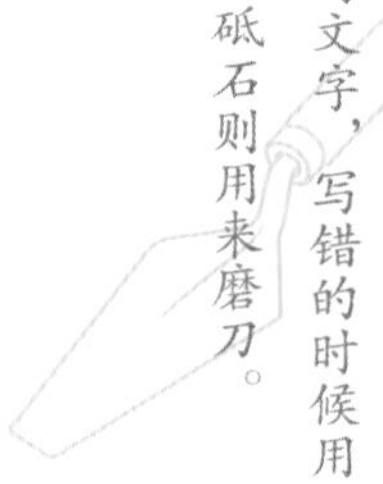

这尊袖手站立的陶俑，身高约 188 厘米，头戴长冠，冠带系于颌下，带尾系成蝴蝶结；陶俑上身着交领右衽齐膝双层长襦，双襟交掩于背后；腰束革带，下着长裤，脚穿齐头方口浅履，站立于方形踏板上。陶俑面部表情恭谨祥和，低眉颔首，微露喜悦之貌。2000 年出土于秦始皇帝陵园内城陵墓封土的西南角 K0006 陪葬坑。

秦始皇帝陵 K0006 陪葬坑是一座东西向的“中字形”地下坑道式全木结构的建筑，由斜坡道、前室、后室三部分组成，总面积约 410 平方米，坑体面积 144 平方米。经过发掘，前室出土了 1 辆单辕双轮木乘车和 12 件陶俑，其中袖手俑 8 尊，御手俑 4 尊。后室埋藏有真马，按照马骨的排列密度推算，原来葬马 20 余匹。前、后室东西错位，形成两个分藏不同埋

文吏俑（持钺）

高188厘米
秦（前221—前206）
2000年出土于秦始皇帝陵园K0006陪葬坑

秦钺（正面）

藏物的相对独立的单元。

陶俑表面原饰有红、绿、黑、粉、白等彩绘，因水浸及坑体倒塌等原因大多已剥落，仅在面部保留有较多的残迹。在陶俑的右侧腰带部配有两件贴塑的装饰品，长的是一把环首削刀，短的是一个小袋子，用来装砥石，即为磨刀石。秦时用简牍书写文字，写错的时候用削刀刮掉另写，砥石则用来磨刀。《后汉书·周磐传》也有载，周磐临终时遗命："编二尺四寸简，写《尧典》一篇，并刀笔各一，以置棺前，示不忘圣道。"可见，那时的

秦钺（反面）

文字工作者大多离不开刀笔。陶俑的左臂与躯干间还有一个不大的椭圆形小洞，推测应当是插持简牍用的。此前，秦代陶俑身上悬挂陶削及砥石的先例尚未见到，因此，这些陶俑属文官无疑。

陶俑手中所持的钺，原本被集中放置在陪葬坑的厢房内，共有 4 把。12 尊袖手俑有 4 尊的袖手部发现垂直的长方形孔，孔的大小与夹绑钺的木柄尺寸大小相近，因此考古人员推测有柄的青铜钺是插在长方形孔中的。

陶俑头戴长版冠，而冠在先秦乃至中国古代社会都蕴含着丰富的文化内涵。保暖或防护已不是冠的主要功能，而是上层社会贵族身份地位的外化标志。《礼记·冠义》说“冠者礼之始也”。相传在夏代就出现了礼冠、礼服制度。《礼记·王制》载“有虞氏皇而祭，深衣而养老。夏后氏收而祭，燕衣而养老。殷人冔而祭，缟衣而养老。周人冕而祭，玄衣而养老”。皇、收、冔（xǔ）、冕四种均为不同时代的冠名。冠的礼仪特质体现在冠的颜色、质料、形状上，目的是显示戴冠者的身份、官爵以及适应各种场合的礼仪要求。

从目前所见的资料看，秦汉之际流行一种长冠的首服，供中下级文武职官使用。长冠又叫“斋冠”“齐冠”“刘氏冠”“竹皮冠”“竹叶冠”“鹊尾冠”。《后汉书·舆服志》说它“高七寸，广三寸，促漆丽为之，制如板，以竹为里”。长合 17.15 厘米，宽合 7.35 厘米，而秦兵马俑的长冠长 17—20 厘米，下宽 7—10.5 厘米，上宽 11.7—18.5 厘米，从尺寸上讲与秦汉之际的长冠相近。

《汉书·百官公卿表上》列有汉代的爵位名称，共二十等，与秦制完全相同。第八级爵为“公乘”，颜师古注：“言其得乘公家之车也”。张守节正义引颜师古“其后诏曰‘爵非公乘以上不得冠刘氏冠’即此也”。公乘是商鞅变法后秦国军功爵制二十级中的一种爵位，为第八级爵。从第七级公大夫以上即属于高爵，享有赐田宅、乞庶子、封食邑的特权。汉承秦制，汉家天下初定后分封行赏时不完全按照商鞅制定的办法行事，但仍然会沿用过去的名词及内涵，“公乘”之爵属此列。从不具备公乘以上爵位的官吏不得戴长冠的规定类推，在秦代，戴长冠者的身份地位当不低于公乘。

如是，则秦始皇帝陵园 K0006 陪葬坑所发现的 12 尊头戴长冠陶俑的身份，其爵位应当在八级左右，属上爵，或至少戴双版长冠陶俑的爵位在八级左右。

（王沛）

秦铜诏版与陶量

统一天下的基石

『器械一量，同书文字。』

——秦琅琊刻石

『一法度衡石丈尺，车同轨，书同文字。』

——司马迁《史记·秦始皇本纪》

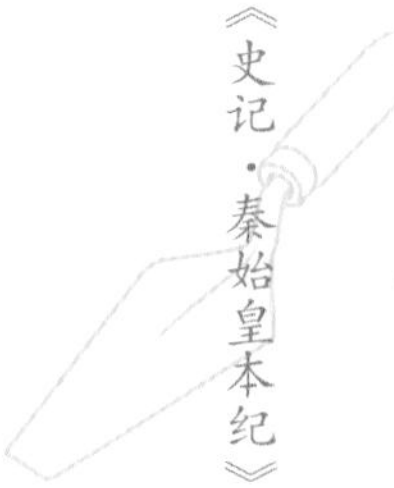

1961年、1962年及1982年，考古工作者在秦咸阳城遗址西南部先后清理金属器窖藏3座，其中共发现秦始皇二十六年铜诏版4件、秦二世元年铜诏版3件。铜诏版的横空出世震动国内外，《西安晚报》《人民日报》《光明日报》《文汇报》《陕西日报》等纷纷报道，从此秦咸阳城遗址真正被公之于世，并迅速被列为陕西省重点文物保护单位，在1988年1月又被国务院批准为第三批全国重点文物保护单位。

在陕西考古博物馆展出的3件铜诏版中，2件秦始皇二十六年铜诏版残块出土于1962年，1件秦二世元年铜诏版则出土于1982年。为何几块小小的铜版如此重要？秘密就在版上文字。

完整的秦始皇二十六年铜诏版呈长方形，版上铭文共6行40字，内

1961 年长陵车站金属器窖藏部分器物出土情况

秦始皇二十六年铜诏版

公元前209年

残长3.9厘米，残宽3.8厘米；残长3.4厘米，残宽2.1厘米

1962年陕西省咸阳市渭城区长陵车站金属器窖藏出土

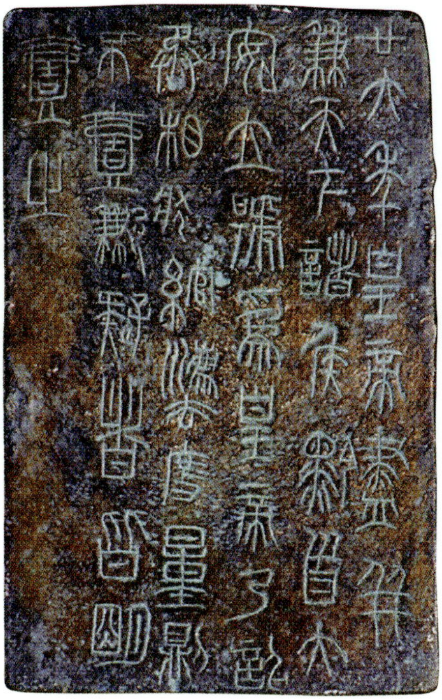

秦始皇二十六年铜诏版

公元前221年
长10厘米，宽6.5厘米，厚0.2厘米
1961年陕西省咸阳市渭城区长陵车站金属器窖藏出土

容为“廿六年，皇帝尽并兼天下诸侯，黔首大安，立号为皇帝。乃诏丞相状、绾，法度量则不壹，歉疑者，皆明壹之”。《史记》记载，秦始皇二十六年将军王贲灭齐，天下一统，秦始皇定尊号、改正朔、分郡县、法度量、同文字车轨。秦始皇二十六年诏版上的文字正是明确统一度量衡的诏书，其不仅是证明文献记载无误的实物证据，更是少见的秦代诏书原文材料，具有极高的历史价值。

秦二世元年铜诏版

公元前209年

长10厘米，宽6.5厘米，厚0.2厘米

1982年陕西省咸阳市渭城区长陵车站金属器窖藏出土

完整的秦二世元年铜诏版为长方形，四边有耳，版上铭文共8行60字，内容为“元年制诏丞相斯、去疾：法度量尽始皇帝为之，皆有刻辞焉。今袭号而刻辞不称始皇帝，其于久远也，如后嗣为之者，不称成功盛德，刻此（诏）故刻（左），（使）毋疑”。这篇诏书则表明秦二世在登位首年就率先发布了对先帝施政方针的继承沿袭和将制度性统一措施推行到底的决心，而具体负责人也从当年的丞相隗状、王绾变成了当今的李斯、冯去疾。历史上的秦二世昏庸无道，李斯晚年贪权无义，但当年他们也未必不是怀抱热情，想要承续始皇帝的宏愿，打造一个万世传承的王朝。可惜的是，历史无法假设，时间不可逆转。幸运的是，虽然二世早亡，有些种子埋下就会发芽。

考古发现的战国秦汉时期度量衡器有量（斗）、权、尺等，材质有陶、金属、石等，推测还有木质器物，但由于难以保存故发现很少。铜诏版是配合这些度量衡器来使用的，在甘肃省镇原县出土的秦始皇二十六年铜诏版角上有孔，用于固定。有些则直接将诏书内容刻铸在器物之上，如咸阳博物院藏秦代铁权或吉林省善宝营子古城出土的陶量，以此来宣明这些是经过政府确认的标准器。

2017 年，考古部门在秦咸阳城内的长兴村遗址就发掘出土了大量的陶量。这些陶量器形一致，泥质灰陶，平口无沿，直腹平底，宛如小桶。在器物内底上多见有“咸中客仓（舍）”的戳印文字，口部还戳印有多个“公”字。这批陶量有大、小两种规格。这是在当时用于测算粮食的标准用器，口部的“公”字或许表明其属咸阳城内的中客仓（舍）这一政府机构所用。除秦咸阳城内出土的陶量外，在山东邾国故城、湖北云梦睡虎地秦墓、陕西宝鸡周原遗址中也曾发现类似的器物，宝鸡周原遗址出土的陶量上戳印文字为“美阳”，口部亦有“公”字，属美阳县所用。

而秦代铜诏版或具有相同诏书内容的不同器物也在除咸阳城外的甘肃、河北、山东等地均有发现。无论是诏书还是度量衡器，在广袤的中国大地上不断发现，且具有高度的一致性，这正反映出秦帝国优秀高效的行政执行力和推行统一的决心。

陶量

秦（前221—前206）
直径14.5—19厘米，高9.5—10厘米
2017年秦咸阳城内长兴村遗址出土

“咸中客仓（舍）”的戳印文字

自秦开创大一统帝国，中华大地在两千余年间经历纷乱无数，但最终仍能不断聚合成统一国家并开创崭新高峰。正是由于从秦帝国开始在经济、文化、交通等制度层面埋下了基石，自此统一便成为中华民族血脉中的使命。

（李杨）

陶量（局部）

汉文帝霸陵刑徒俑

西汉帝陵营建的真实写照

江村大墓地处陕西西安东郊白鹿原的西端，经过多年来系统地考古调查、勘探，最终确定了江村大墓为西汉早期汉文帝刘恒的霸陵。霸陵位置的确认，解决了西汉十一座帝陵的名位问题，纠正了近千年史料记载的谬误，其双重陵园、帝陵居中、外藏坑环绕的结构布局为西汉帝陵首次出现，弥补了西汉帝陵发展演变的关键环节，进一步奠定了西汉中晚期帝王陵墓制度的基础。

汉文帝霸陵（江村大墓）外藏坑中出土了一批刑徒俑。这些陶俑按形制可分为两类，一类为着衣式裸体陶俑，另一类为半塑衣式陶俑。

着衣式裸体陶俑，是西汉时期帝陵外藏坑及高等级墓葬常见的陪葬品。它是先按比例泥塑出人体原形的三分之一，经过窑烧成为陶质，再在表面涂彩。面孔、体表涂橙红色，有如真肤色；头发、须眉、瞳仁均显墨黑。然后是安装可以活动的木质胳膊，再在外层套穿丝质或麻制的衣服。这类陶俑虽然形体较小，高约 60 厘米，但其整个造型比例适度，体形匀称，刻画细致，工艺精湛，神态逼真，栩栩如生。特别是陶俑的面部表情，颇具个性。陶俑身体细部的塑绘也极其精致，男女性征、肚脐、窍孔无一不备。

霸陵陵区航拍全景

发股上挽于顶，绾结成发髻。仿真的彩绘使红黑分明，对比强烈，使得陶俑形神兼备，给人以强烈的艺术感染力。半塑衣式陶俑，与着衣式陶俑的面部及木质的胳膊相同，最大的差别就是上身堆塑出长襦，长襦过膝且有彩绘。

目前发现的这批刑徒俑按照刑罚可分为三种。第一种为钳徒俑，就是陶俑的颈上及脚踝处带有铁钳、铁釱等刑具。这种刑徒俑多为半塑衣式陶俑，仅发现一件着衣式裸体陶俑，为女性，高约 49 厘米。20 世纪 70 年代，在汉景帝阳陵西北 1.5 公里处，当地村民在修建水库时，发现 29 座刑徒墓，有 35 副骨架。经考古工作者探测，这处刑徒墓地实际范围约有 8 万平方米，估计埋葬尸骨在 1 万具以上。考古发现，在部分骨架的颈上有铁钳，有的腿骨上有铁釱，还有些骨架上有明显的砍剁痕迹。其中铁钳重量约 1.2—1.6 千克，铁釱重量 0.8—1.1 千克。其形制与霸陵外藏坑出土的刑徒俑身上佩带的相差无几，只是陶俑身上的为模型明器而已。

第二种刑徒俑为髡刑俑，这种刑徒俑有半塑衣式和着衣式两种，目前发现的着衣式陶俑为女

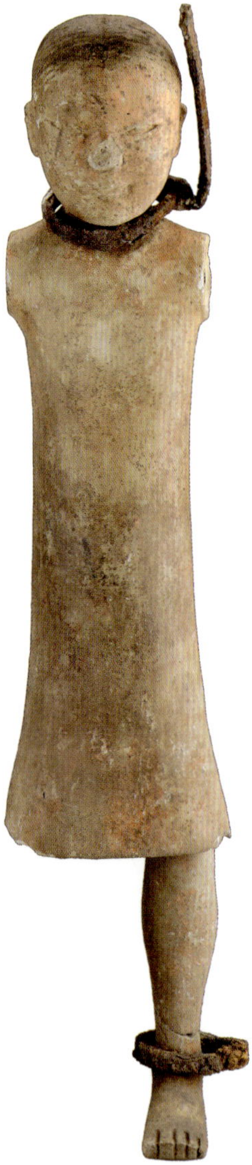

钳徒俑

西汉早期
高59厘米，肩宽9.5厘米
陕西省西安市汉文帝霸陵外藏坑K27出土

髡刑俑

西汉早期

高58厘米，肩宽10厘米

陕西省西安市汉文帝霸陵外藏坑K27出土

脑后无发髻，面部五官刻画细致，表情祥和。塑有襦裙，长度过膝，襦裙上有彩绘，以黑色腰带区分上下，下部白彩之上施以红彩，赤足，五指并拢。

性。体现其受髡刑的特征就是头上没有发髻。古人将与生俱来的毛发看得很重，从不随便剃发。髡，即剃发。髡刑，最早见于《周礼》，而盛于秦汉。古人将髡刑与其他肉体刑罚并列，除作羞辱惩罚外，还认为是对其生命健康的损害。因而髡刑实际上是对囚犯在精神上的处罚。

第三种为宫刑俑，这类陶俑均为着衣式裸体陶俑，男性面孔，与其他裸体男俑从体形、面部刻画及发式几无差别，最大的区别就是没有阴茎及阴囊等性器官。在古代中国，阉割术的渊源相当久远，文献资料表明，至迟在殷商时代就有了阉割男性生殖器的意识与行为。周朝时将受了宫刑的男子称为“寺人”。到了汉代，宫刑更为普遍。汉景帝时，就曾规定某些死刑可由宫刑代替。在汉武帝统治时期，史书上有记载的大臣受宫刑的就有司马迁、张贺、李延年等人。秦汉时期的阉割技术已较为完备，当时的阉割术可能是将阴茎与阴囊一并割除。从霸陵出土的宫刑俑与阳陵出土的宦官俑对比来看，他们有着明显的差别，这也说明了当时阉割术在惩罚施刑和宦官从业“净

宫刑俑

西汉早期
高59厘米，肩宽9.8厘米
陕西省西安市汉文帝霸陵外藏坑K27出土

身”时有着不同的手法。

髡、钳、釱是西汉时期惩处犯罪情节较轻的刑罚，而宫刑在西汉时期是可以替代某些死刑的，也是一种从轻处罚的手段。那么这类象征着受刑的陶俑为什么会出现在霸陵的外藏坑之中呢?

修筑帝王陵墓，是一项内容多、用工多、材料多、费时多且具有连续性特点的大型综合工程。《文献通考》载：“汉法，天子即位一年而为陵。天下贡赋三分之一供宗庙，一供宾客，一供山陵。”《史记秦始皇本纪》载：“始皇初即位，穿治骊山，及并天下，天下徒送诣七十余万人。”由此可见帝陵修建的用工量之大，同时也说明修建帝陵的劳动主力为刑徒。这在《史记》《汉书》等文献中多有记载，而景帝阳陵、武帝茂陵附近发现的修陵人墓地，就是明确的证据。

我们知道，霸陵周边向心式分布的一百多条外藏坑分别象征着三公九卿下的各类官署机构，出土刑徒俑的外藏坑自然也不例外。在坑内清理出土的“中司空丞”“中司空印”等明器官印，使我们对该坑的性质有了明确的认识。汉初朝廷设置“中司空”，张家山汉简《二年律令·秩律》整理小组注释:“中司空，中央政府主罪人作役官。”也就是说中司空是管理、役使刑徒进行劳役的官职。

总之，汉文帝霸陵外藏坑出土的这批刑徒俑，对于我们研究西汉帝陵外藏坑的性质内涵、西汉着衣式陶俑的发展演变等有着重要的参考价值。

（曹龙　朱晨露）

勉县金寨汉墓绿釉陶器

一抹富有生命力的釉色

同其他实用器皿、陶俑等的功用一样，釉陶器也是墓主人的精神寄托，不过拥有了釉色的它们更显灵动活泼，让地下世界不再那么冰冷。

2009年，考古工作者在汉中市勉县褒城镇红庙乡金寨村东北约300米处发掘了一座汉墓，墓葬为南北向的斜坡墓道砖券多室墓，平面呈“十”字形，由墓道、封门、主墓室、侧室及排水设施等组成。墓葬虽然被多次盗扰，仍出土了陶器、铜车马器、铜印章及1700余枚“五铢”铜钱等随葬品，依据出土器物判断墓葬的年代为东汉晚期。该墓的发掘为研究陕南地区东汉墓葬形制、葬俗提供了重要资料。

出土于东侧室的绿釉陶器是代表汉代陶瓷工艺发展水平的重要器物。釉陶是在普通陶器上施一层含铅量很高的釉，因为铅的熔点较低，在釉中起到了助熔剂的作用，使得这种釉可以在普通的低温条件下烧成，因而也叫低温釉陶。根据目前的考古发现情况来看，这类器物在西汉早期首先出

封土西壁剖面

墓室顶部

墓室清理

排水沟

现于当时的政治、经济中心关中地区，主要流行于北方，随着时间的推移，这类器物逐渐向周边地区传播，除中原地区外，湖南、江西等南方地区的东汉墓中也有出土。铅釉陶的主要呈色剂是氧化铜或氧化铁，烧制后常呈现出棕黄色或绿色。西汉晚期开始，绿釉陶器及模印浅浮雕纹饰的装饰逐渐变多，到了东汉时期便大量流行，不过当时的人们并不将其作为实用器具，基本都是明器。金寨汉墓出土的大量绿釉陶器，也进一步证实了关中地区流行的绿釉陶器向南传播的路线。

西汉早中期的釉陶种类稍显单一，多见器皿类釉陶，西汉中后期开始至东汉时期，仓、灶、井、家畜等模型明器的数量显著增加，这类器物具有更为浓郁的生活化气息。勉县金寨汉墓出土的这批釉陶器，造型精美，器型主要有盒、鼎、壶、仓、井，熏炉及灯，可分为器皿、雕塑两大类。

绿釉陶盒

绿釉陶鼎

绿釉博山炉

绿釉陶壶

绿釉陶灶

绿釉陶井

绿釉陶狗

诸如盒、鼎、壶等器皿虽为常见器物，装饰也不失精致，器盖上都有模制图案，这类器物是铅釉陶中数量最多且延续时间最长的一类。这几件器物外壁装饰的模印图案十分引人注目，这些图案除作装饰之用，还体现着当时的人们对地下世界的认知，龙、虎、熊、朱雀等简化的四灵形象可以起到护佑墓主、引魂升仙的作用。

包括建筑模型、动物模型、生产工具等在内的雕塑类釉陶是对东汉生活图景的一种再现，古人的生活仿佛触手可及。金寨汉墓出土的绿釉陶灶、陶井、陶灯、陶狗虽然小巧，但装饰内容较为丰富，做工精巧。陶灶看似平平无奇，仔细观察，灶门左侧装饰一瓶，右侧装饰有一戴高冠的人，双手置于胸前，阔袖，蹲地，拄杖。灶底还附加有四只熊形足，圆眼咧嘴，獠牙外露，形象生动。模制而成的绿釉陶狗呈趴卧姿态，看起来悠然自得，整体造型栩栩如生，形态逼真，十分舒展。

绿釉陶灯

“事死如事生”是古人对待死亡的态度，人们希望死后也能延续生前的生活。伴随着汉代社会经济的发展，墓中常会陪葬大量模仿现实生活的明器，以此让自己在死后也能拥有和生前一样的灵魂归宿。同其他实用器皿、陶俑等的功用一样，釉陶器也是墓主人的精神寄托，不过拥有了釉色的它们更显灵动活泼，让地下世界不再那么冰冷。当然，汉代低温铅釉陶不仅是那个时代制陶工艺的杰出成就，更起着承上启下的作用，是对商周制陶业的继承和发展，也为后世唐三彩的产生与发展奠定了基础。

（曹龙　袁明　安婷宇）

靖边渠树壕东汉壁画墓

苍穹画卷 星汉灿烂

这座东汉中晚期壁画墓墓室壁画内容包括星象图、门吏图、车马出行图、宴乐图等。其中位于墓室券顶的天文图，首次大批量将星宿的形状、星数、神像、题名相结合，为研究汉代天文历法、宗教、民俗、绘画等提供了珍贵的实物资料。

“人生不相见，动如参与商”“维南有箕，不可以簸扬”“星分翼轸，地接衡庐”“物华天宝，龙光射牛斗之墟”……从许多耳熟能详的诗句中我们可以感受到古人们对于浩瀚星空的好奇与想象。苍穹中充满未知与神秘，而我们的祖先早于数千年前踏足于此，对天文研究的深厚积淀，形成了一套关于星座的体系——“三垣二十八星宿”。

考古发现最早的二十八星宿名称见于湖北随州曾侯乙墓中出土的一个漆箱上，但仅有题名，无图像、星形和星数。后西安交通大学西汉壁画墓发现了具有星形、星数、图像的天象图，但缺少了星宿题名。直至 2015 年，陕西省靖边县杨桥畔镇渠树壕村壁画墓的发掘，发现了中国迄今内容最完整的二十八星宿图，其天文图首次大批量将星宿的形状、星数、神像、题

券顶 天文壁画

名相结合，为我们准确地证认二十八宿与中外星官提供了科学依据。

这座绘有天文图的壁画墓年代为东汉中晚期，为长斜坡墓道砖室墓，水平总长 16.5 米，由墓道、封门、前室、后室四部分构成。其墓葬前室四壁和券顶绘满壁画。墓室入口各绘一执铩武士；前室北侧东壁分栏绘骑马图和山峦图，西壁分栏绘制侍女和熏炉，前室南侧正中分栏绘制楼阁庄园、宴乐人物、祥禽瑞鸟和仙人图等，后室西壁绘一瑞兽。壁画一方面反映了东汉庄园生活情境，在事死如事生的观念下，将地上奢华生活搬入地下，另一方面也体现了各路神仙引魂升天的过程，以此表达墓主人向往生命永恒。而这座壁画墓最为特别之处就在于前后券顶通绘天文图，券顶绘制天文图是一种葬俗传统，为了祈求墓主人灵魂进入宇宙大轮回中，表达着生生不息的含义，这样的传统一直到唐代都在延续，为研究汉代人生活与其宇宙观念提供了珍贵的实物资料。渠树壕壁画墓天文图内涵丰富，本文从三垣、四象、二十八星宿、日月、黄道和星神图像等部分作简要介绍。

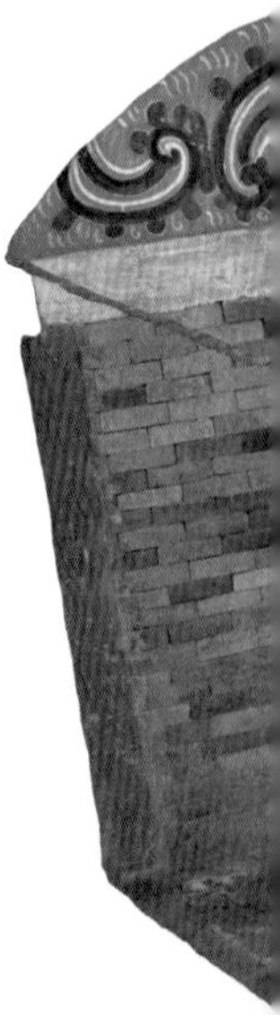

三垣分别为紫微垣、太微垣、天市垣，图中没有出现紫微垣，而是以北斗为核心，分为四象，每象七宿，共二十八宿。壁画四边依次所绘为东宫苍龙七宿：角、亢、坻、房、心、尾、箕；北宫玄武七宿：南斗、牵牛、织女、虚、危、营室、东壁；西宫白虎七宿：奎、娄、卯、毕、胃、觜戈、参；南宫朱鸟七宿：余鬼、东井、柳、星、张、翼、轸，所谓“二十八宿”是日月运行途中的二十八个“宿舍”。

壁画天文图中有一条细长的粉彩白色画线，穿越整幅星图，为叙述方

墓室三维影像图

前室南侧 壁画

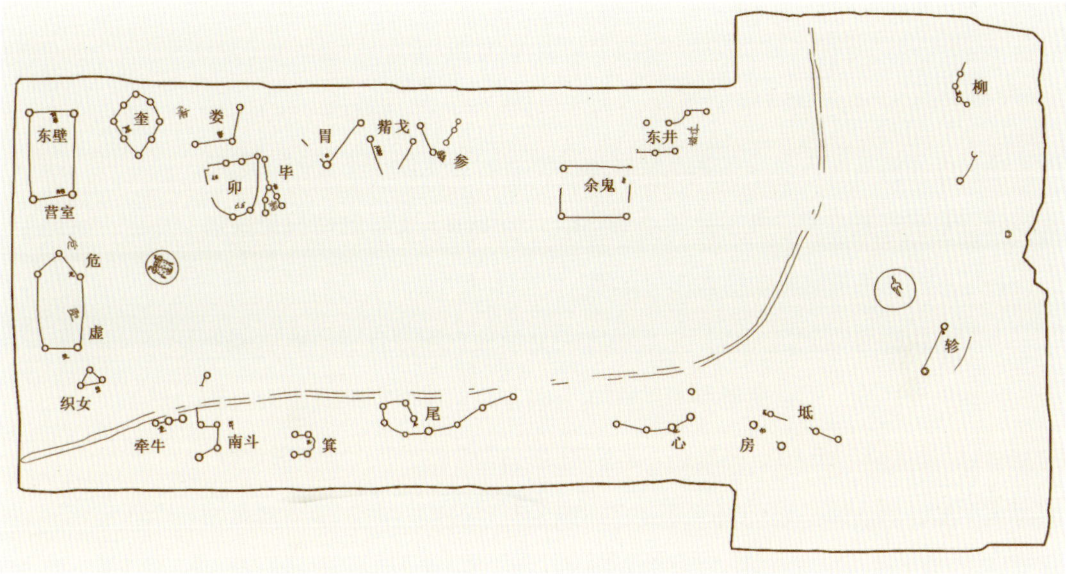

壁画中的二十八宿、日月与“长白线”

便，下文称此线为“长白线”。日月隔长白线呈东西对望，这条长白线，经过专家的考察与对比认定为黄道。据上引浑仪和星图发展简史表明，中国历史上先出现“赤道规”，后出现“黄道规”。“黄道”实际应用于观测和历法计算，始于东汉和帝永元年间。渠树壕壁画星图中没有北极和赤道，即没有“赤道规”而有“黄道规”，其年代应在“黄道铜仪”建造以后。因为此前连官方都很少有人知晓黄道“规法”，民间普及黄道知识更不可能，当然不会在墓葬星图上出现黄道图像。

自从古希腊以来，世界上主要的天文学发达民族都采用黄道坐标系，自十六世纪以后，欧洲才逐渐开始使用赤道坐标系。中国天文学以其“天极和赤道”特征，区别于世界其他古代文明，汉代人即使认识到了黄道的重要性，也要将其纳入赤极体系。许多欧洲学者曾经认为，不通过黄道形式而独立发展的天文学，几乎是无法置信的，但中国天文学的情况正是如此，并且巧妙地将黄道概念纳入赤极体系。

中国式黄道坐标源自先秦，它是中国天文学独立起源且不可能从域外传入的强有力证据。渠树壕壁画墓的年代上限，与东汉时期朝廷士大夫和天文官对“黄道规”的讨论，到制造“黄道铜仪”，到测定二十八宿黄道度数，到应用于编订历法等一系列科学活动，可以说几乎是同时的。这座墓葬如此迅速地反映出中国式黄道坐标体系的重要信息，体现中国天文学在东汉时期取得的重大进展，因而具有重要的历史意义和科学价值。

二十八星宿和黄道都是参照背景，真正的主题是要表示日、月所在的位置，日在张翼之间，月在危室之间。渠树壕壁画天文图的背景是“星象”，通过日月位置表现特定的“天象”，进而揭示某种“天道”。所谓“天道”就是天象变化的自然规律，通过“天道”可以预知“天象”。渠树壕壁画刻画了“日在张宿”“六月既望”的天象，从一个方面表明当时的人们已经在某种程度上掌握了“天道”，是科学进步的实证体现。

此外，天文图中还描绘了许多的星神图像，与汉代人的宗教信仰有关，其背后隐藏着大量的神话故事和传说，例如伏羲女娲执规矩图、司命司禄图、牛郎织女图、河伯乘三鱼拉车出游图等，这些都是经过科学考古发掘出土的第一手原始实物资料，真实反映了汉代的思想观念与风俗信仰。

渠树壕东汉壁画墓天文图，既是一幅观赏星图，具有很高的艺术欣赏

二十八宿				中官		
东宫	北宫	西宫	南宫	题名		无题名
【角】	南斗	奎	舆鬼	北斗	司命	天市垣
【亢】	牵女	娄	东井	天牢	司禄	太微垣
坻	织女	卯	柳	三台	微明	弧矢
房	虚	毕	【星】	郎位		三公
心	危	胃	【张】	【五】车		天女
尾	营室	觜戈	【翼】	【军】市		河鼓
箕	东壁	参	轸	狼		天桴
						鱼

渠树壕壁画星官（【 】表示壁画题名脱落的字）

价值；同时壁画星图包含了丰富的文化内涵和历史信息，具有重要的宗教思想和历史文化价值；另一方面星图显示出深厚的天文学知识背景，具有一定的科学价值。更加难能可贵的是它反映了东汉天文学取得的重大进展，在中国天文学乃至世界天文学史上具有重要意义。

天上星河转，人间帘幕垂。古人为每颗星星编织了名称、故事，赋予了人间情感，渠树壕东汉壁画墓时隔千年，看似遥远，但与存在亿万年的星河相比，人类所经历也只有短短几十万年的历史，千年只是弹指一挥间。斗转星移，我们抬头仰望，其中所传承的对知识的渴望，对自然的敬畏，对未知的探索，从未改变。

（雍倩）

凤栖原铜漏壶

汉代计算时间的精密仪器

凤栖原铜漏壶的出土为中国古代计时系统漏壶类的发展演变研究提供了非常珍贵的实物标本。

这件铜漏壶是西汉时期计时的水钟工具，出土于西安南郊凤栖原西汉富平侯张安世墓四号从葬坑。该件铜漏壶，青铜质，总体呈圆筒形，直腹，腹内存留朽化的木质标尺（浮箭）。腹外中部两侧附有两衔环铺首，近壶底外一侧设有圆柱形管状小流。壶顶有方形提梁，底有三兽蹄形足。方形提梁和壶盖设有上下相对的长方形小孔各一，以穿插刻有时辰的浮箭。壶内水从管状小流逐渐外泄，提梁处的浮箭逐渐下降，显示着时辰的变化。

中国古代计时主要有日钟和水钟两种方式。漏壶属于水钟，也称为刻漏，又分为沉箭漏和浮箭漏两种。刻漏计时历史悠久，文献记载表明最迟西周就已存在。刻，指日以下的时间单位，古代以一昼夜为 100 刻。漏壶木质浮箭上的刻线就是这种时间的分隔线。沉箭式刻漏是一个单壶，壶中

凤栖原铜漏壶

西汉（公元前206—公元220）
通高52.6厘米，腹直径21厘米，14.24千克
陕西省西安市长安区凤栖原张安世家族墓地M8从葬坑出土

垂直插入一个能上下浮动并带有刻度的木质浮箭，浮箭随着漏壶的泄水而下降，从而显示时间。浮箭式刻漏则由泄水壶和受水壶两部分组成，受水壶中插入可以上下浮动的浮箭（又称箭壶），工作时泄水壶内的水流入箭壶，浮箭随之上升，其上显示的刻度会不断变化，从而指示时间。凤栖原铜漏壶属于沉箭漏壶。

目前考古出土了几件西汉铜漏壶，包括内蒙古千章铜漏壶，河北满城铜漏壶，陕西兴平铜漏壶、凤栖原铜漏壶、霸陵铜漏壶等，它们是发现的时代较早的青铜质地漏壶，大都为高级贵族所属。凤栖原铜漏壶是其中保存较好、体积最大，有铺首衔环双耳的一件。经过实验室的显微观察和文物保护，还发现凤栖原铜漏壶携带有多条重要信息，更加成为研究西汉计时问题难得的考古实物资料。

凤栖原铜漏壶出土时受填土塌压稍有损伤，经实施文物保护后基本复原完好。显微观察发现，铜漏壶进入坑内时还装在由竹编织物和作为里衬的纺织物构成的漆筒。纺织物上有大漆，是外包

凤栖原铜漏壶（局部）

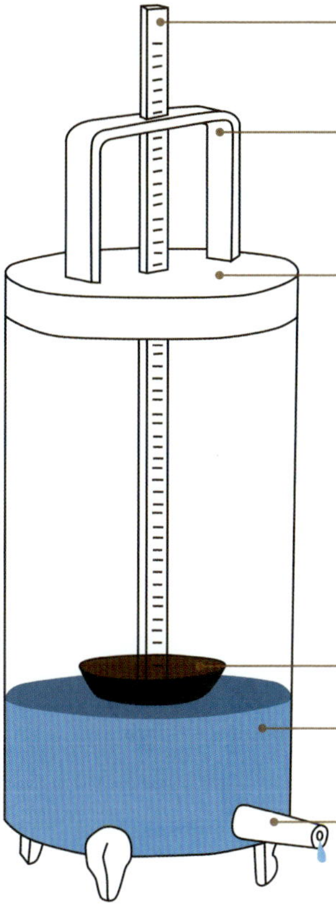

铜漏壶原理

装为漆器的重要证据。漏壶的外包装很讲究，可见它的珍贵程度。壶内存留朽化成数段的浮箭，形态较规整，宽约 0.5 毫米，厚约 1 毫米，残存总长度约 21 厘米，初步观察浮箭像是芦苇秆或竹质物，质量较轻。尽管该浮箭经过两千多年埋藏过程中的腐化、变质、收缩等，变形相当严重，却是目前中国西汉铜漏壶浮箭的唯一实物。

近置壶底外侧的圆柱形管状小流设计精巧，其与水平面有 6 度倾斜向下的夹角，而且外端的中心位设置小孔，这种造型便于水自然地顺利流出同时减少回流的可能，也减少发生堵塞的概率。

凤栖原铜漏壶的出土为中国古代计时系统漏壶类的发展演变研究提供了非常珍贵的实物标本。尤其显微观察获得的壶内朽化尚存浮箭有机体形态、放置漏壶的漆笥等难得的信息，也是目前倡导的实验室考古的优秀成果。

（丁岩　杨忙忙　张仲立）

神木大保当彩绘汉画像石

仙凡之间 大象其生

神木大保当彩绘画像石中刻绘的狩猎图、出行图、乐舞百戏、仙禽灵兽等画面题材，表现了汉代人试图将现世富足安逸的生活在来世继续拥有的美好夙愿。

汉画像石是汉代地下墓室或地面祠堂、阙等建筑物上有雕刻装饰的建筑构石。作为中国古代重要的丧葬或祭祀艺术表现形式，它们不仅生动再现了汉代生活的各个方面，还以浪漫主义手法描绘出汉代人的精神世界和信仰追求。汉武帝之后在儒家思想的影响下，奉行“举孝廉”制度，人们竞相“崇饬丧纪以言孝，盛飨宾旅以求名”（王符《潜夫论·务本篇》），以厚葬来博取孝的美名。东汉时期，汉画像石更是在风靡厚葬的时代浪潮中迎来了发展的最高峰。

神木市地处汉帝国的北部边陲西河郡。据《后汉书·西羌传》载，这里作为北方军事重镇和贸易通道，一直实行大规模屯田政策。到了东汉中期社会经济得到进一步发展。“豪人之室，连栋数百，膏田满野，奴脾千群，徒附万计。”（《后汉书·仲长统传》），以工商业和农牧业发家的富商、豪强和大量驻军中的武将文吏，逐渐成为该地区的常住民。陕北地区自古盛产页岩石料，至今榆林地区仍有很多能雕善刻的匠人承袭着往昔的石刻传统。上述历史原因和自然条件为该地区画像石墓的发展提供了充足的社会基础和物质条件。

1986年，考古部门在当时的神木县城西南50公里处毛乌素沙漠中发现了大保当汉墓群。1996年夏，又对墓地中的24座进行了考古发掘，除了出土一批陶器、骨器和小铜器外，引人注目的是出土了不同题材类型的精美画像石50余块，大部分表面彩绘保存较好。由于没有发现纪年文字，研究者通过对该区域墓葬的对照分析，将这批汉画像石墓的年代推测为东汉和帝永元二年（90）至顺帝永和五年（140）间。

M23是一座位于大保当墓地东部的砖砌双室墓，由墓道、甬道、前室、过洞及后室等部分组成。该墓出土了一套完整的彩绘画像石墓门，色彩鲜艳，主题生动，不仅具有很高的学术研究价值，更是美术史上难得的艺术佳品。墓门位于砖封门之后的甬道前端，整体为砂岩，由门梁、门楣、左右门柱、左右门扉及门限等7块石件组成。这件画像石上刻绘的题材属于同时期较常见的类型，主要表现狩猎图、出行图、乐舞百戏、仙禽灵兽等内容。这些画面表达了汉代人试图将现世富足安逸的生活在来世继续拥有的美好夙愿。

画像石门楣上有两组极为生动的画面，上栏为狩猎图，下栏为出行图。

左门柱

左门扉

门楣

右门扉

右门柱

彩绘画像石墓门组合

东汉（25—220）

1996年神木大保当汉墓M23出土

门楣长193.5厘米，宽35.5厘米，厚6厘米

左门柱高121厘米，宽32.5厘米，厚6厘米

右门柱高122.5厘米，宽31厘米，厚6厘米

左右门扉尺寸基本相同，高113厘米，宽48.5厘米，厚4.5厘米

门楣——狩猎图

门楣上层自左而右主要表现了三个壮健的骑猎者和六只惊慌奔逃的鹿。前两个猎手为同一“模板”刻就，头戴黑色平巾帻，身着红色戎服，张弓挟矢，引满待发；马身着褐红彩，四蹄腾空，络头、缰、衔等以墨线勾绘；鹿以墨线勾绘斑纹，或惊首回眸或负伤而逃，中箭的伤口还流淌着鲜血；右边第三骑手转身回射一中箭受伤的老虎，虎口偾张，身躯以墨线勾斑纹，似与猎手生死较量；右上方一猎鹰在捕抓野兔，其后还有咬住一野兔后腿的猎犬；画面最左端刻月轮，中以黑彩绘玉兔捣药图，右端刻绘红彩的日轮中有一飞向右方的黑色金乌；画面两端日轮、月轮下刻卷草纹，与门柱纹饰相接。狩猎图整体画面动感强烈，令观者有如身临其境。

狩猎题材是陕北画像石中最具特征且最为常见的内容。画面中的狩猎活动在汉代极为盛行，除作为王公贵族的一种娱乐需求外，在陕北地区还有两个重要形成原因：一是边郡驻兵的军事需要，正如《汉书·地理志》云“安定、北地、上郡、西河，皆迫近戎狄，修习战备，高上气力，以射猎为先”；再者可能就是受了匈奴人“宽则随畜田猎禽兽为生业，急则人习战攻以侵伐”生活习俗的影响。

门楣——车马出行图

门楣下层自左而右依次刻绘：导骑 1、轺车 1、骈车 1、輂（jú）车 1、护卫骑 2。导骑及护卫骑均头戴平巾帻，身着黑襦衣浅色裤，似为同一“模板”拓印刻成。马作昂首嘶鸣状，四蹄腾空，奔跑疾驰，马身涂褐红彩，鞍为石原色。三辆车的驾马也基本相同，鞍、韅（xiǎn）、靷（yǐn）、辔（pèi）以墨线描绘，马姿与导骑驺（zōu）从所乘马一致。轺车前坐一黑衣驭者，双手执缰，头戴帻，车内坐一人头戴进贤冠，身着深色衣。骈车前坐驭者，半露身躯，身着浅色衣，黑色车厢侧面有窗和窗帘。辇车前坐持缰驭者，着浅色衣，车厢上有卷棚之类遮蔽。三辆车车身及车辐以黑色涂绘。这类出行图多与狩猎图相伴出现，将达官贵人出行时“鲜车怒马”“连车列骑”的炫耀场面表现得淋漓尽致。依古代“以生事死”的丧葬礼制，墓主人的车骑配置应与其生前的社会等级相适应。据一些学者研究，这类出行图的目的可能是表现墓主人的灵魂从地下世界赴墓地祠堂去接受祭祀之用。

左右门柱——乐舞百戏图

左右门柱主体图像为乐舞百戏图，构图采用了对称形式，均由上中下三组人物和一组鹿及辇车构成，利用卷草纹与门楣两侧花纹相接，以墨线和彩绘装饰在门柱边栏。人物图像自上而下分格排列，上幅为说唱图，一人戴冠，着黑色长袍，作说唱状，另一人头戴小圆帽侧立其后方；中幅为长袖舞蹈图，一人身着长裙，脚穿云头靴，两臂长袖托举，身旁一人拱手侧立；下幅亦为长袖舞蹈场面，一舞伎以“体若游鱼”“云转飘忽”的身姿表演着“长袖舞”。其后一人袖手而立，驻足观赏。舞蹈图案下方卧一牡鹿。最下方为一辆辇车，马身直立，涂褐红彩，以墨线勾绘马具、缰绳等。

车上坐持鞭驭者，车棚、厢、轮、辐等亦以黑色描绘。在画面底部残留墨斗类工具放线留下的痕迹，图像应为同一“模板”反拓而成。值得注意的是，这两侧画像虽出于同一“模板”，但画工为了避免因完全一致而产生的呆板，巧妙地给左右两组人物服装颜色进行了色彩反相置换，使画面显得均衡而又不失变化。这些表现世俗生活场面的乐舞百戏图在陕北画像石中很常见，与当时曾有“罗衣从风，长袖交横”的情况相吻合。

左右门扉——仙禽灵兽图

左右门扉位于门楣、门柱之间，画面仍采用均衡对称的方式，在细微变化中获得和谐而统一的秩序感。门扉主题有三部分，上为朱雀，中为铺首衔环，下为獬豸。朱雀身涂红彩，长翎翘尾，站立于衔环兽头之顶，展翅欲飞，四周环绕着五个动感十足的凤鸟来增加对比，以衬托朱雀的主题形象。中部刻铺首衔环，以墨线点染勾绘。铺首兽头形，双耳，独角，方眼，张口，獠牙外露，方颏长须，肌肉突出，衔环之上还绘以红黑彩相间的放射状的曲线。这两处主题图像的周围还穿插了攀猿、羽人、神鹿等仙禽灵兽，并将嘉禾、蔓草这种富于变化和装饰的花纹条带融合其间，使画面主题烘托出神秘祥瑞的气氛。门扉最下端是一组奋力而抵的獬豸，全身涂染浓墨。尖角立耳，圆目怒睁，背有翼，尾前翘，后腿粗壮强劲，奋力后蹬。

正如有研究者所指出的那样，M23 彩绘画像石在内容和构图表现上已娴熟地使用了“模板”技巧，对同类图像在形状、大小毫无二致的情况下，利用“模板”的反转造型和色彩的对比与置换，产生了更为灵活多样的装饰手段和丰富的画面效果。其艺术表现手法不是以刀代笔，而是以墨线勾画轮廓，在凸起的物像上用色彩进行敷色和描绘，并在难以用刻镂表达的物像细部采用墨线勾勒的绘画技法。与以往在陕北发现的画像石相比，M23 画像石在色彩应用方面已经达到了相当高的艺术水平，目前能辨的颜色有朱砂红、白、褐、紫、橘黄、绿等，在色彩的表现力上，还掌握了对比与调和的色调处理手法，以及运用清淡浓重的效果来渲染和平涂的绘制技法等。

应该说，神木大保当独特的地理和人文环境使这里的汉画像石带有浓郁的边地和民族色彩，以 M23 为代表的彩绘画像石不仅体现了陕北汉画像石独特的艺术风貌，还展现了东汉时期上郡、西河郡一带汉与匈奴等民族相邻与杂居之地社会生活的恢弘历史画卷。

（胡小玉）

十三环蹀躞铜带

北周皇帝节俭的印证

初，隋文帝听朝之服，以赭黄文绫袍，乌纱帽，折上巾，六合鞾，与贵臣通服，唯天子之带有十三环。

——《新唐书·车服志》

北周武帝宇文邕（543—578）是北周在位时间最长、最有作为的皇帝，他在位19年，关心民生，励精图治，使得北周政治清明，国势逐渐走向强盛，建德六年（577）攻灭北齐，统一黄河流域，为隋朝统一天下奠定了基础。宣政元年（578）六月，武帝率兵北伐突厥时，不幸以36岁盛年病亡，谥曰武皇帝，归葬孝陵。然而，至唐朝贞观年间官修梁、陈、齐、周、隋五朝“正史”时已不知孝陵所踪。

1993年至1994年，位于咸阳市渭城区底张镇陈马村的一座陵墓两度被盗，咸阳市渭城区公安分局经过多年的努力，最终将被盗文物中最重要的天元皇太后金玺和武德皇后陵墓志追回。玺为纯金，獬豸纽，方形玺面。玺面篆书阳刻“天元皇太后玺”，是北周武帝宇文邕皇后阿史那氏的玺印。

天元皇太后玺

北周（557—581）
边长4.45厘米，宽4.55厘米，通高4.7厘米
1993年—1994年陕西省咸阳市渭城区底张镇孝陵出土
陕西省咸阳市渭城区文物保护中心收藏

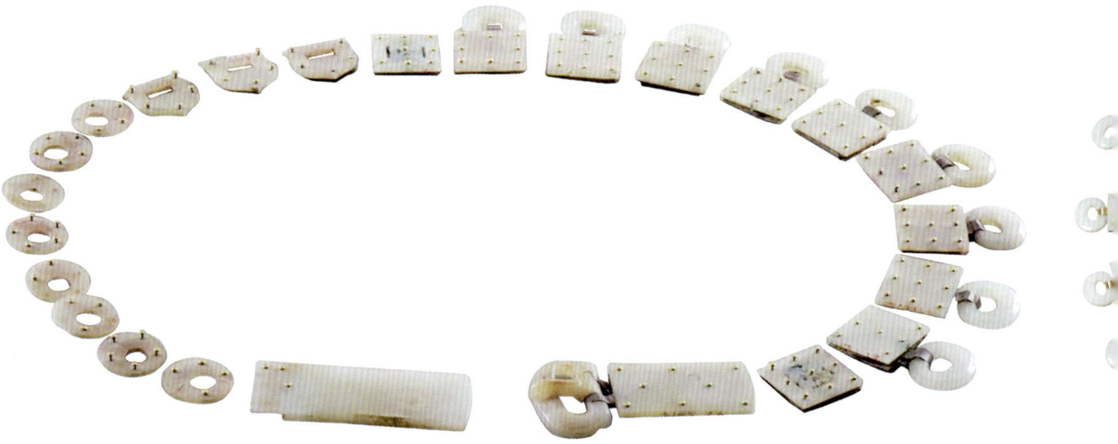

何家村窖藏白玉九环蹀躞带

武德皇后陵墓志，志盖阳篆“周武德皇后志铭”，志文为“大隋开皇二年岁次壬寅四月甲戌朔二十三日乙未，周武帝皇后阿史那氏殂，谥曰武德皇后，其月二十九日壬寅，合葬于孝陵”。

为进一步保护地下文物，1994 年 9 月，考古部门对该墓进行了正式的考古发掘工作，这是陕西省第一座被抢救发掘的皇帝陵。虽然该陵屡遭盗掘，仍然清理出金、铜、铁、玉、石、陶、玻璃等不同质地文物数千件。其中出土一方石志上篆刻“大周高祖武皇帝孝陵”更加确认了该陵墓的主人正是北周武帝宇文邕。

在北周武帝孝陵的第五天井西壁龛出土了 2 套铜带具，考古发掘时采取石膏封固打包的技术进行了提取，后在实验室进行微观发掘清理完成，其中一套铜雕铜梁带制作精美、装饰繁缛，在全国多处展览中展出。另外一套为本文介绍的铜带，在陕西考古博物馆首次展出。

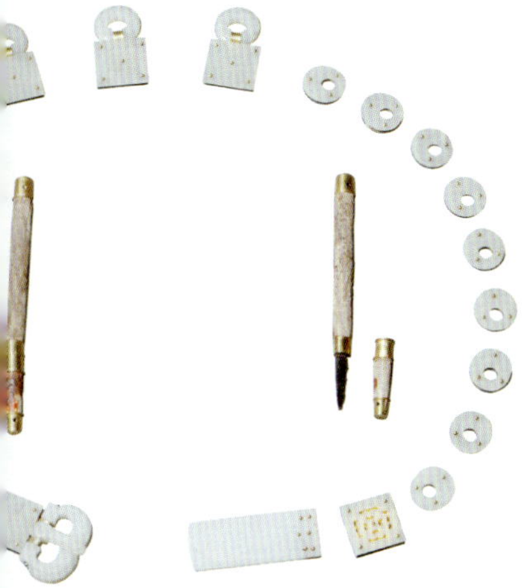

北周若干云墓白玉八环蹀躞带

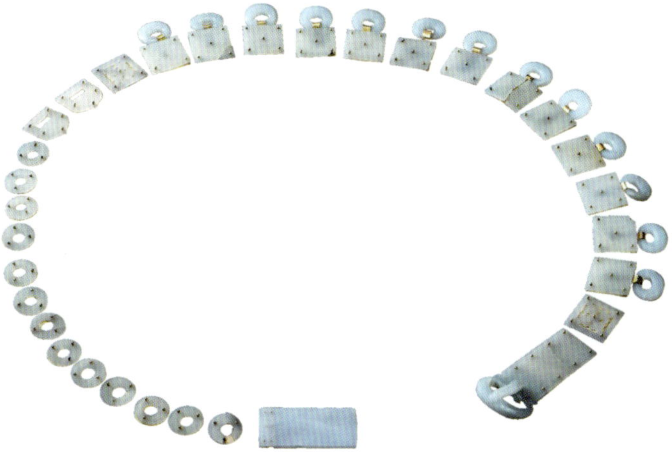

隋炀帝墓十三环金玉蹀躞带

北周时期，带具已经成为身份地位的象征。《隋书·礼仪志》所载："高祖元正朝会，方御通天服，郊丘宗庙，尽用龙衮衣，大裘毳襹，皆未能备。至平陈，得其器物，衣冠法服，始依礼具。然皆藏御府，弗服用焉。百官常服，同于匹庶，皆著黄袍，出入殿省。高祖朝服亦如之，唯带加十三环，以为差异……"。两唐书中也有类似的记载，如《旧唐书·舆服志》："隋代帝王贵臣，多服黄文绫袍，乌纱帽，九环带……百官常服，同于匹庶，皆著黄袍，出入殿省。天子朝服亦如之，唯带加十三环以为差异，盖取于便事"。又如《新唐书·车服志》："初，隋文帝听朝之服，以赭黄文绫袍，乌纱帽，折上巾，六合鞾，与贵臣通服，唯天子之带有十三环"。

考古发现也证实通过带銙的质地和数量表示使用者的身份高低。1990年在西安何家村唐代窖藏中出土的10副玉带中，其中一副为白玉九环蹀躞带；1998年在咸阳渭城区的北周若干云墓出土了一副白玉八环蹀躞带；

偏心孔扣环，直径1.3厘米，位于革带后半段，呈片状椭圆形，其上所钻圆孔偏向一侧，不在中心位置，上下之间均有穿孔，以3枚铜钉将其铆固在一起。

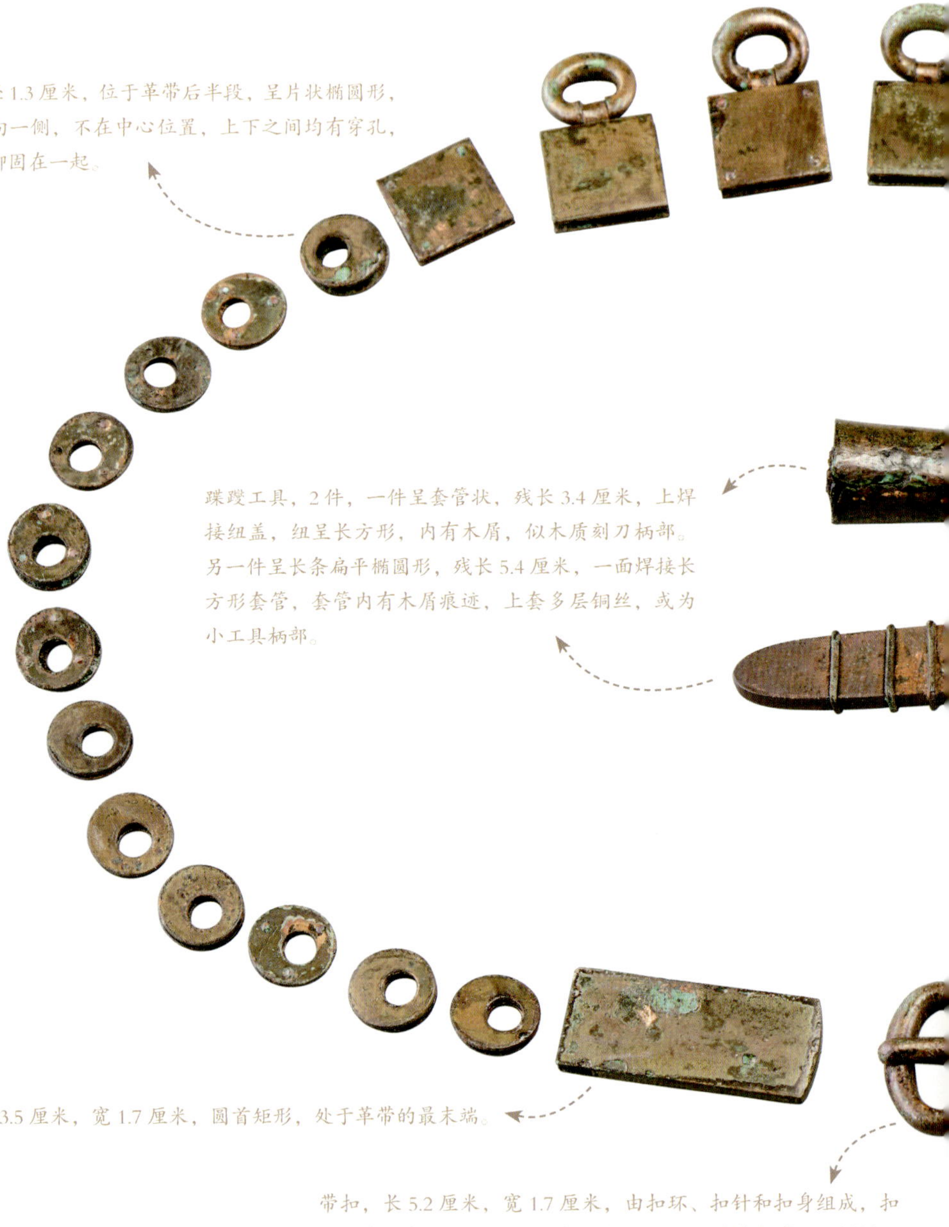

蹀躞工具，2件，一件呈套管状，残长3.4厘米，上焊接纽盖，纽呈长方形，内有木屑，似木质刻刀柄部。另一件呈长条扁平椭圆形，残长5.4厘米，一面焊接长方形套管，套管内有木屑痕迹，上套多层铜丝，或为小工具柄部。

铊尾，长3.5厘米，宽1.7厘米，圆首矩形，处于革带的最末端。

带扣，长5.2厘米，宽1.7厘米，由扣环、扣针和扣身组成，扣环轮廓似未封口的椭圆形，扣针大致呈T形，中部起脊，后端较粗，针头前曲。扣身，为圆首矩形，扣柄内有麻质鞓带穿过，背面有穿孔，以4枚铜钉将其铆固在一起。

附环铜方銙，长 2.8 厘米，宽 1.7 厘米，位于铜带的前半部分，方銙近似正方形，背面有穿孔，以 4 枚铜钉将其固定在一起。所附铜环近似椭圆形，环体下端较为厚大，内孔中心偏上呈凸字形，以铜质曲环套入凸字形上端，曲环末端插入方銙和铜衬板之间。

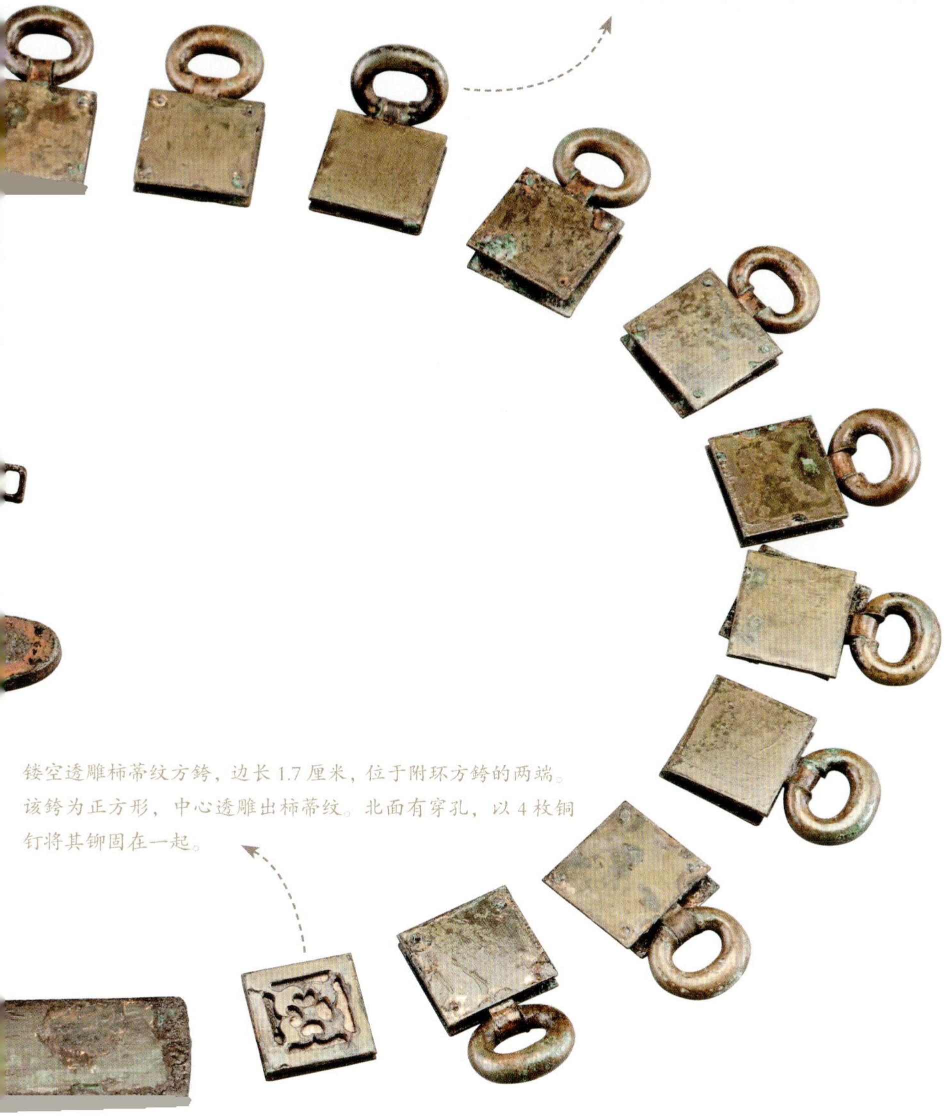

镂空透雕柿蒂纹方銙，边长 1.7 厘米，位于附环方銙的两端。该銙为正方形，中心透雕出柿蒂纹。北面有穿孔，以 4 枚铜钉将其铆固在一起。

北周孝陵十三环蹀躞铜带

孝陵出土的十三环蹀躞铜带由带扣（扣环和扣针）1、扣身（或称为扣柄）1、镂空透雕柿蒂纹方銙 2、附环铜方銙 13、偏心孔扣环 12（扣眼）、鉈尾 1 所组成。复原长度为 75 厘米。

2013年在扬州曹庄发现的隋炀帝墓中出土了十三环蹀躞金玉带。

由此说明，在北周、隋代，文武百官、皇亲贵戚均无权使用十三环带具，十三环带具是皇帝的御用品。只有在很特殊的情况下，皇帝才有可能将十三环带具赐予殊功异德者。这副带具的附环方銙的数量正好为十三，与武帝的身份相符。

但是为什么北周武帝贵为帝王仅随葬铜制带具呢？这与宇文邕生前身后简朴无奢的生活作风息息相关。史书中记载，他提倡节约，反对奢靡，并亲身躬行。一生食素饭、穿布衣、着布鞋、盖布被。他的临终遗诏要求丧事用度一定要节俭而符合礼制，造墓而不起坟，是自古以来通行的典制。遇上吉就马上下葬，下葬完就因公除服。四方的士民，各哭丧三天。嫔妃以下没有子女的，都散放回家。而出土的这副十三环蹀躞铜带与史书中记载的“丧事资用，须使俭而合礼”相互印证。“墓而不坟，葬讫公除”，孝陵便没有立坟丘，也没有建筑遗迹，因此历史上一直都不知道孝陵的所在地。

那么北周武帝生前究竟是否拥有过代表身份等级的十三环蹀躞金玉带呢？在《周书·李贤传》中有一段耐人寻味的记载：“及高祖西巡幸贤弟（宅、府）……令中侍上士尉迟恺往瓜州降玺书劳贤，赐衣一袭及被褥，并御所服十三环金带一要（腰），中厩马一匹，金装鞍勒，杂綵五百缎，银钱一万，赐贤弟申国公穆亦如之。”据《周书·李穆传》可知，李贤弟李穆是北周重臣，一生屡建奇功且拥有重兵。北周宣帝、静帝均无能，在杨坚势力不断强大的情况下，尉迟迥举兵作乱，李穆子李荣劝父谋反，但李穆却认为，周德已衰，由杨坚代周是符合天意的，故支持杨坚代周称帝。李穆曾将一副“十三环金带”派人送给杨坚，以表忠心，支持其称帝，这副“十三环金带”正是周武帝宇文邕赐给他的，此事在《隋书·李穆传》亦有相同记载。隋仁寿四年（604），杨广弑父而称帝，将象征着皇帝身份的“十三环金带”据为己有，自然顺理成章。隋炀帝墓出土的十三环蹀躞带为玉质，衬板为金质，也可称为金玉带。因玉质较金质更为珍贵，加工制作更为复杂，毫无疑问等级应更高。

因此，十三环蹀躞金玉带（即文献中记载的“十三环金带”）由宇文邕赐给李穆，李穆将此带献给杨坚，支持其称帝，隋文帝杨坚死后，此带再传到隋炀帝手中，炀帝死后虽多次迁葬，但代表皇帝身份的这副十三环蹀躞金玉带一直随身陪葬，直到 2013 年考古学家发现隋炀帝墓后，这副北周时期为宇文邕制作的十三环蹀躞金玉带才重见天日。

（刘思哲）

十六国彩绘伎乐女俑

胡风乐舞

十六国时期，关中成为各个族群角逐的竞技场，从墓葬乐俑反映的情况来看，所用乐器基本还是魏晋时期的中原乐器，汉族的音乐文化并未发生大的变化，伎乐女俑的出现，实际反映了当时少数民族政权统治者对汉代礼乐的理解和全面借鉴的尝试。

近年来关中地区十六国墓葬的考古资料逐渐丰富，在这些墓葬中，有一类乐俑造型独特，其组合形式也有着特别鲜明的时代特点，已成为墓葬年代的重要参考依据。关中地区墓葬出土的十六国乐俑一般六类为一个组合，即吹笙俑、吹竖笛俑、吹排箫俑、打节鼓俑、弹阮咸俑、弹筝俑。

2019 年，为配合工程建设项目，考古部门在咸阳市渭城区渭城镇坡刘村东发掘了一座十六国时期墓葬，墓葬规模较大、随葬品丰富且未被盗掘。此墓坐北朝南，是一座长斜坡墓道单室土洞墓，由墓道、甬道和墓室构成，墓室为单室穹窿顶土洞，墓室平面略呈方形，由于后期墓室进水，遗物漂浮且保存状况不佳。墓内出土遗物 60 余件（套），包括伎乐俑、男女侍俑、牛车、陶榼、陶炉、瓷罐、釉陶连枝灯、铜鐎斗、铜带具、石板砚及墨条、铭文砖等。其中东壁下放置各类陶俑、连枝灯、陶灶等；西壁下除陶俑外还有陶槅、陶炉等；木棺南侧放陶樽，樽内有陶勺。棺内出有铜印章，印文为“西陵县侯夫人”，墓道填土中发现的残砖上阴刻“天水姜冲”。根据墓葬形制、俑群组合与特征等推断，该墓为十六国时期墓葬。此次坡刘村出土的乐俑组合中，没有出现吹排箫俑，但却首次出现了弹竖箜篌俑。

坡刘村出土的彩绘伎乐女俑组合由吹笙俑、弹竖箜篌俑、拍节鼓俑、吹笛俑、弹阮咸俑、弹筝俑构成，共计 8（其中弹筝俑 3 件）件。

箜篌最初名曰坎侯或空侯，有卧、竖两种类型。远在春秋战国之初，中国南方楚国就已经有与琴、瑟相像的卧箜篌了。唐代长孙无忌等撰《隋书·音乐志》中载：“今曲项琵琶、竖头箜篌之徒，并出自西域，非华夏之旧器。”关于其形制，唐代杜佑《通典》有云：“竖箜篌，胡乐也，汉灵帝（刘宏）好之。体曲而长，二十有二（一作三）弦，竖抱于怀中，用两手齐奏，俗谓之擘箜篌。”在南朝宋人范晔《后汉书·五行志》中，曾载有：“灵帝好胡服……胡箜篌、胡笛、胡舞，京都贵戚皆竞为之。”汉灵帝刘宏在位年代为公元 168 年—188 年，据此可知竖箜篌至少也有近两千年的历史了。宋代吴自牧《梦粱录》（卷三）曾这样描写道：“高三尺许，形如半边木梳，黑漆镂花金装画台座，张二十五弦，一人跪而交手擘之。”这是大型的竖箜篌，另外还有一种比较小的竖箜篌，是左手托着箜篌，右手弹奏，多用于仪仗音乐中。在中国北魏至唐宋的大同云冈石窟奏乐浮雕、

十六国彩绘伎乐女俑

彩绘吹笙女坐俑

高21厘米，长12厘米，宽13厘米

俑头梳十字形假高髻，浓发挽于髻下，后髻下插梳篦，鬓发浓厚，覆耳下垂齐颈。长方形脸庞，面颊圆润。细弯眉，丹凤眼，高鼻梁，面作鼓吹状。身穿多层交领右衽窄袖襦衫，颈后层领下搭。下裳为齐腰曳地长裙，裙下摆向后平铺于地，覆盖双腿并双脚。双腿跪坐于裙下，上身挺直。左手托举笙，右手抚持，嘴对吹管。笙吹管圆筒形，笙体由多节长管组成。

彩绘弹竖箜篌女坐俑

高22厘米，长12厘米，宽13厘米

服饰、发型都与彩绘吹笙女坐俑相同。竖箜篌呈倒“V”形，上布满孔洞，似琴弦穿孔。女俑将竖箜篌竖抱于怀中，双手作弹拨状。

彩绘拍节鼓女坐俑

高21厘米，长12厘米，宽14厘米

服饰、发型都与彩绘吹笙女坐俑相同。双膝上置小圆节鼓，双臂屈肘前伸，右手持鼓槌，左手舒展击拍鼓面。

彩绘吹笛女坐俑

高22厘米，长13厘米，宽14厘米

服饰、发型都与彩绘吹笙女坐俑一致。双手半握长笛，笛下端柱两膝前，上端置嘴边，作吹奏状。

彩绘弹阮咸女坐俑

高21厘米，长12厘米，宽13厘米

服饰、发型都与彩绘吹笙女坐俑一致。阮咸竖斜置于胸前，左手上举半握阮咸柄上端，手指呈按压品位状，右手持琴拨，作弹拨琴弦状。阮咸形如圆饼扇形，圆面下有一凹形琴码，琴柄顶端有两个弦纽插孔，琴边缘描绘黑彩。

彩绘弹筝（瑟）女坐俑

共三件，尺寸均约为高22厘米，长12厘米，宽13厘米

服饰、发型都与彩绘吹笙女坐俑一致。双膝上置筝，两件平置，一件左高右低，双手指并拢舒展，一手压弦，另一手作弹奏状。筝体两端有横向凸起的筝码，阴刻筝弦，形制略有不同，其中一件一端有细颈，筝端呈圆形。

敦煌的“隋代乐队”壁画和成都五代前蜀皇帝王建墓的浮雕中都能见到弹奏竖箜篌的图像。从文献和敦煌壁画中可判断，坡刘村出土的这件坐俑弹奏的小竖箜篌也称角形箜篌。

笙作为中国最古老的乐器之一，在诸多的历史文件中均有记载，笙在中国已有 3000 多年的历史。秦汉时期，笙除用于宫廷音乐外，还是相和歌伴奏中的主要乐器。

古代文献中的箫是指排箫，唐代以后，才是现代意义上的箫。箫的渊源极其久远，其名也古今有别。古之箫者，今之排箫，今之箫者，古之称笛。箫、羌笛、横吹都属于笛类乐器。坡刘村出土的这件持长管乐器坐俑从演奏姿势和形制来看，所持乐器似乎不是传统的箫，该乐器为直筒无孔吹奏乐器，很可能是北方草原民族的一种吹奏器，似为有簧吹管乐器。

节鼓是魏晋南北朝时期随着汉代相和歌的发展而被广泛使用的乐器，在乐队中发挥着打击节奏的功能。现已发现的节鼓乐伎最早出现在南京江宁上坊东吴墓中，可见，节鼓俑在东南地区比在北方地区出现得要早，很可能是随着魏晋以来南北对峙、交往、统一中从南方流入北方的题材。

阮咸也叫秦琵琶、圆形直项琵琶，因为魏晋时期的“竹林七贤”之一的阮咸妙解音律，善弹这种琵琶，所以就俗称阮咸。从考古资料来看，阮咸最早出现到了东汉末年，关中地区的墓葬中出现得更晚一些，可以推测其在中原地区的流行应该是伴随着东汉末年的民族融合而展开的。乐俑的演奏方式也是一个重要的时代判断点，在 3 世纪时阮咸的演奏方式尚为手弹拨，到 4—5 世纪阮咸的演奏方式已经变为弹拨。

在十六国伎乐俑组合中，弹筝俑都是共同出现、必不可少的内容，学界对此类乐俑演奏的乐器具体类别上都较为含混，有琴、筝、瑟或者卧箜篌等多种说法。琴和瑟是中国传统文化中历史最悠久的弦类乐器，筝是在瑟和筑的基础上发展而来的，其历史可以追溯到秦汉时期，但在汉代出土的乐俑或是壁画中，筝并不像瑟那样频繁出现，其大量开始出现要到魏晋十六国时期，这与文献中对音乐组合的描述也是一致的。从考古出土的这个时期的其他伎乐俑可以看出，有些是左手按弦，右手弹拨，有些则反之，弹奏俑所持的乐器有琴、筝特点却又似是而非，这反映出当地制作者对于此类乐器的实质并不了解，只是对其他地区在此类乐俑的造型上的一种附会，这在关中地区的十六国弹筝俑中表现得尤为突出。

十六国时期，关中成为了各个族群角逐的竞技场，氐、羌在关中人口超过了汉族，并留下了大量墓葬，从墓葬乐俑反映的情况来看，所用乐器基本还是魏晋时期的中原乐器，汉族的音乐文化并未发生大的变化，伎乐女俑的出现，实际反映了当时少数民族政权统治者对汉代礼乐的理解和全面借鉴的尝试。

（刘思哲）

绿釉蟠龙博山炉

双烟一气凌紫霞

西汉刘向《熏炉铭》曰：「嘉此正器，崭岩若山。上贯太华，承以铜盘。中有兰绮，朱火青烟」。又有汉刘歆著，晋葛洪辑的《西京杂记》载：「长安巧工丁缓，制九层博山香炉，镂为奇禽怪兽，穷诸灵异，皆自然运动。」

博山炉作为古代焚香用的器具，自汉代出现，一开始多为金属器。通常是将炉盖雕镂成山峦形，上有人物、珍禽异兽、云气等图案，象征着海上的仙山——博山，故名。下有底座，有的遍体饰云气花纹，有的鎏金或错金银。进入南北朝时代，随着佛教的传扬与兴盛，博山炉的造型逐渐同佛教中的莲花结合在一起，转变为佛教礼佛的供养物之一。同时由于陶瓷制作技艺的进步，开始多用陶瓷来制作，但与之呼应的实物并不多见，目前见到的几件实物多为隋代或唐代早期文物。据《续高僧传·释智𫖮传》记载，南朝末年至隋代初年高僧智𫖮去世之前，处置自己的用品，其中就有“莲花香炉”。

这件绿釉蟠龙博山炉 1990 年出土于西安长安区韦曲镇隋丰宁公主杨静

绿釉蟠龙博山炉

隋（581—618）
通高36.2厘米，足径15厘米
1990年西安长安区韦曲镇隋丰宁公主杨静徽暨唐韦圆照合葬墓出土

绿釉蟠龙博山炉底座、炉身

绿釉蟠龙博山炉盖

徽暨唐韦圆照合葬墓。这里是以郧国公韦孝宽为首的勋贵韦氏一族的家族墓地所在地。韦氏一族人才济济，韦孝宽为隋朝开国功臣，而丰宁公主杨静徽作为隋文帝杨坚孙女与韦孝宽之孙韦圆照的结合，是隋代皇家和勋贵政治联姻的典型。通过该墓出土的墓主夫妇墓志可知，丰宁公主是隋大业六年（610）因病去世，并在同年安葬于鸿固乡畴贵里韦氏家族墓园。而韦圆照于唐武德六年（623）十月卒，唐贞观八年（634）葬于旧茔，即与丰宁公主合葬，因此这座夫妇合葬墓跨越了隋唐两个时代。由于该墓有明确纪年，其所出文物亦可作为断代的标准，分别具有隋代和唐代早期器物的典型特征。

绿釉蟠龙博山炉底部

绿釉蟠龙博山炉盖内部

博山炉由底座、炉身和炉盖上下组合为一体。底座呈浅盘形，侈口，下有倒喇叭形的圈足。炉身为两条相互缠绕的蟠龙，擎托一仰莲形香钵，龙头下屈外转，其后肢和尾部相互盘成一圆形基座，与底座相连。香钵为十二仰莲瓣，敞口，炉盖为博山形，上为宝珠纽，下为两层塑贴花瓣叠耸为山峦，每一片花瓣上装饰有火焰摩尼宝珠纹。炉盖接近宝珠纽处有三处透孔。该香炉表面通体施绿釉，唯底座中央放炉身处不施釉，其圆径大小恰好与炉身基座相等。博山形炉盖口沿及其对应的香钵子母口沿亦不施釉，这种设计可以使炉盖不致滑脱。整体设计精巧绝伦而不缺实用性。

与之类似的器形见于河南安阳隋开皇十四年（594）张盛墓中出土的

一件白釉莲瓣博山炉，炉身为竹节状，还有日本大和文华馆收藏的一件白釉蟠龙香炉和日本出光美术馆收藏的一件绿釉莲瓣蟠龙博山炉。可以看出它们都表现出莲瓣与博山炉相结合的特征。唐代诗人李商隐创作的《烧香曲》有云“钿云蟠蟠牙比鱼，孔雀翅尾蛟龙须。漳宫旧样博山炉，楚娇捧笑开芙蕖。八蚕茧绵小分炷，兽焰微红隔云母”。恰如其分地描绘出莲瓣博山炉的外观形象和焚香时的场景。

由于博山炉的炉盖经过特殊设计，利用博山山峦的层层交叠设计，出烟孔多开在曲折隐蔽之处，平视时不见其孔隙，燃香时香烟会环绕在炉盖的周围，之后再袅袅上升，如同仙境一般。因此也形成了赏香的另一种形式：观烟。据六朝《咏博山炉》诗云：“上镂秦王子，驾鹤乘紫烟”，唐代李白《杨叛儿》诗云：“博山炉中沉香火，双烟一气凌紫霞”，又有北宋吕大临《考古图》记载：“香炉像海中博山，下盘贮汤使润气蒸香，以像海之四环”。记述的都是博山炉焚香时香烟缭绕的迷人意境。隋唐时期的燃香方法主要采用的是木炭加香料的办法，香料须提前捣成粉末，然后和木炭配合使用。因此香炉需要设计比较深的香钵用于承载香料和木炭，并用隔火置于二者之间。

莲花纹装饰与博山香炉结合在一起的设计，折射出佛教在隋唐时期对社会的影响和当时贵族雅致的生活习俗。另外，这件绿釉器物胎体较白，釉色鲜亮，有别于汉代红色陶土做胎的烧制技术，应当是继承了北齐以高岭土做胎的釉陶制作技术。尽管目前隋唐墓葬中出土的类似器形的熏炉并不多见，但在一些同时期的佛教造像上多有体现，结合墓主身份，可见这类造型的熏炉或为当时贵族间流行的样式。

这件绿釉蟠龙博山炉随葬于丰宁公主和韦圆照的合葬墓中，也体现出古代“事死如事生”的丧葬习俗，配合出土的另外一件绿釉笼形香熏，熏笼内尚有积存十厘米厚的香料焚灰，焚灰团结成块，灰白色，微有香气。说明这二者都不单纯是随葬的明器，应是丰宁公主生前喜爱的焚香器具，是隋唐贵族日常用香习惯的直接反映。隋唐时期，焚香原料获得十分不易，因此价格昂贵，但是诗文史料中多见对于用香的描述，而这些文物的发现，更是生动地描绘出当时贵族在日常生活乃至礼仪仪式中是如何焚香的。

（是江柳）

酒神图驮囊陶骆驼俑

异域风格

我们无从得知工匠是如何接触到这类极具遥远异域风格的图像题材，却可以从中看到文化传播和交流的轨迹。

骆驼俑是隋唐墓葬中较为常见的随葬明器类陶俑，陕西考古博物馆展示的两件骆驼俑最为特别的是其所负的驮囊上模印的图像。根据目前已刊的信息，模印此类图像的骆驼俑至少发现了7件，其中考古发掘出土的4件。国外收藏有3件，其中有两件为欧洲私人收藏，具体情况不明，另一件是收藏于美国纽约大都会艺术博物馆的1件完整的骆驼俑。上述可见资料的骆驼形态跟陕西考古博物馆所展的骆驼不尽相同，驮囊上模印图像从艺术造型细节上虽有细微差异，但人物造型模式和内容大致相同。

陕西考古博物馆所展的其中一件骆驼俑来自西安市长安区茅坡墓地M21，虽未发现墓志，但该墓出土最多的陶俑如笼冠俑、风帽俑、小冠俑、持箕俑等，时代特征明显，与李静训墓、李裕墓、元威夫妇墓、鹿善夫妇

酒神图驮囊陶骆驼俑（局部）

酒神图驮囊陶骆驼俑

隋（581—618）
残高29.1厘米，长28.8厘米，宽15.1厘米
2014年西安市长安区茅坡墓地M21出土

酒神图驮囊陶骆驼俑

隋（581—618）

通高35厘米，长25厘米，宽15厘米

2019年北周乙弗静志暨隋豆卢愍合葬墓出土

墓等隋代墓葬出土的相关陶俑类似，故可推断该墓的时代应为隋代。而另一件骆驼俑出土于北周乙弗静志暨隋豆卢整合葬墓，有明确的墓志信息发现，为这类骆驼俑的时代和文化内涵研究提供了更多的可信资料。除上述两件外，还有西安市长安区隋张綝（chēn）夫妇合葬墓出土的 1 件，2015 年咸阳北杜村 M11 出土的驮囊残块 1 件。

下面将主要以西安市长安区茅坡墓地 M21 出土的骆驼俑作为主要描述对象。这件陶骆驼昂首直立，张口露齿，呈嘶鸣状，双目圆睁，颈部呈“乙”字形弯曲，颈上生鬃毛，颈下有嗉毛，四肢上半部有肘毛，驼毛浓密而蓬乱；双峰峻立，双峰间搭放垂向两侧的驮囊，囊下驼峰两侧横放帐架。

驼身两侧垂下的驮囊上各模印一组拱下人物，方向相反，系出同模范，两组装饰之间亦即驼峰间的驮囊顶端上有一圆形装饰。图像内容为左右双圆柱支撑起的平圆拱，柱身装饰竖向凹槽，柱身上端为同心圆形装饰，再往上是间隔联珠纹装饰带的钵形和覆钵形部分的柱头。柱头的钵形和覆钵形部分以及柱础上都有风格化的多瓣装饰。左右两柱之间为圆拱部分，靠近柱头的拱脚部分装饰上卷的莨菪叶。拱顶最上方有分别向两侧弯垂的装饰。柱头上有向外侧延伸的另一拱脚，表明印模可能表现的是一幅多柱支撑的连拱图像，驮囊上的装饰仅截取了其中的一段。圆拱之间还有倚坐于拱肩上的人物形象，一侧似为力士，胸前束甲、腰间束带，臂钏和手镯清晰可见，腹部圆鼓，屈膝，一只手按于大腿之上。另一侧人物仅残有飞扬的绕身衣带及一只手臂。

咸阳北杜墓地 M11 驮囊骆驼俑细节

长安茅坡墓地 M21 驮囊骆驼俑细节

茅坡墓地 M21 出土骆驼俑驮囊细节线图

圆拱下两柱间的主体是一主二从的人物形象，居中是一位上身赤裸的男性，秃顶，头后有圆形头光。有髭多髯，深目高鼻，左臂搭绕于左侧男性随从肩上并垂于其身后(此处的左右是按照图中人物各自的视角，下同)，右臂斜向前伸搭于右侧女性手上；腰部缠裹印度式的短托带(dhoti)，露腿，跣足，右腿前迈，似踩在右侧女性外展的裤腿上，左腿屈膝提脚，被两侧随从搀扶行进，呈醉酒状。左侧男性随从侧身面向中间人物，短发，耳部有坠饰，头部后方垂下两条饰带，身上缠裹紧身及踝的长袍，上半身可见斜向披挂的覆肩上衣，双腿褶皱细密，跣足，右脚前迈，左臂下垂，有臂钏和手镯，左手提一胡瓶，胡瓶带柄，流状口，束颈，梨形瓶身，喇叭口状。右侧女性侧身搀扶中间的男性，盘发，发髻高耸，额前似有一排片状饰物，着薄衫束腰长裙和及踝长裤，裤裙均有细密的褶皱，头后至右肘有斜向衣带，腰后垂衣巾，跣足。

三人头顶至圆拱之间悬有弧状藤蔓，有卷叶状蔓枝螺旋缠绕其上；三人左下方图像边缘处有旋绕的飘带，右侧女性下方有一件兽首来通(rhyton)，兽头的角和耳部轮廓清楚，左侧男性下方可能是一件四足动物剥皮后缝制而成的皮囊，四肢、尾巴和中间的接缝清晰可见，卧置于地面，腹部圆鼓，口部捆扎。图像边缘跟驼身相接处有涂抹痕迹，推测系模印而成之后再粘嵌于驮囊上。

关于这一组人物形象正中的醉酒者是谁，学者们多有讨论。有学者认为是古希腊神话中的酒神狄俄尼索斯的造型，左右都是其随从同时也是信

日本东京国立博物馆藏浮雕石板

徒，男子是一名萨提尔（Satyr），女子是一名迈纳德（Maenad）。配合图像上的拱形柱子、胡瓶、来通杯以及头顶的卷叶状装饰，都印证了其为史籍记载的“醉拂菻”艺术图像。也有学者认为醉酒者的原型是酒神的随从西勒诺斯。

另有学者综合图像关键内容认为其源自古希腊、罗马世界中的酒神题材当无疑问，但醉酒者的身份有多种可能性，即酒神狄俄尼索斯、大力士赫拉克勒斯、酒神的随从西勒诺斯或萨提尔以及古印度的财神俱毗罗等。从服饰上看，中间人物的服饰为印度风格，左侧男性服饰细节不清，右侧女性的服饰特点跟日本东京国立博物馆藏犍陀罗浮雕石板中搀扶醉者的女性的服饰非常相似，都是裙和裤的搭配，这种着装风格一般属于南下的游牧人所习用，因此图像中的人物服饰风格具备文化多样化的特征。

总之，无论醉酒者是谁，可以确定的是这的确是酒神题材的图像。我们无从得知工匠是如何接触到这类极具遥远异域风格的图像题材，却可以从中看到文化传播和交流的轨迹。随着马其顿国王亚历山大一世的十年东征，古希腊 - 罗马文化中的酒神崇拜及其艺术表现形式流传至中亚和印度河流域，并经过丝绸之路，最终进入中原地区，渐渐融入本地文化审美中。通过分析驮囊图像上的人物形象，可以清晰地看出不同文化传统之间的互鉴与交融，在吸收了不同地区的文化元素后，酒神图像中的人物特征和代表的精神内涵已经渐渐脱离了其最原始的母题意义，可辨识度有所降低。但是，也可以看出文化的传播从来都不是单向的，而是一种在互鉴交流的基础上有意识地选择、组合与再创造的过程。图像中用作酒具的胡瓶以及兽首来通、皮囊，在传统文献和出土文书中多有提及，丝绸之路沿线出土的许多陶俑、金银器、入华粟特人石葬具图像中也有使用这些器物的宴饮场景。而骆驼本身作为丝绸之路上的重要交通工具，沿着漫漫长路，不仅帮助人们将货物运送于东西大陆两端，更成为促进东西方文化交流的动物使者，见证着丝绸之路上贸易和文化往来的繁荣。

（是江柳）

透影白瓷杯

轻如云魄起

邢客与越人，皆能烧兹器。圆似月魂堕，轻如云魄起。

——皮日休《茶中杂咏·茶瓯》

这件透影白瓷杯2009年发现于西安长安区韩家湾村征地范围内。与这件白瓷杯同时出土的还有陶罐1件、陶瓶2件，透影白瓷杯、白瓷四系罐、白瓷盂、白瓷辟雍砚、白瓷长颈瓶、铜勺各1件，铜镜1面，铜钱14枚。墓葬的甬道口处有带盖墓志一合，上首朝北，正方形，边长27厘米。志盖为陶，墓志为青石。阴刻楷书5行，内容为“大业四年闰/三月廿八日/京兆郡武/功县苏统师/权瘗于此”。“权瘗”，意为暂且埋葬某处，等候归葬祖茔。由于墓志记述简单，所以墓主的具体身份不详，只能确定墓主本人下葬于隋大业四年（608）。根据墓葬的形制和随葬品推测墓主人苏统师官阶介于三品以下，七品以上。

透影白瓷杯外形端庄优雅，胎体洁白如玉，釉面莹亮。敞口，斜直腹，

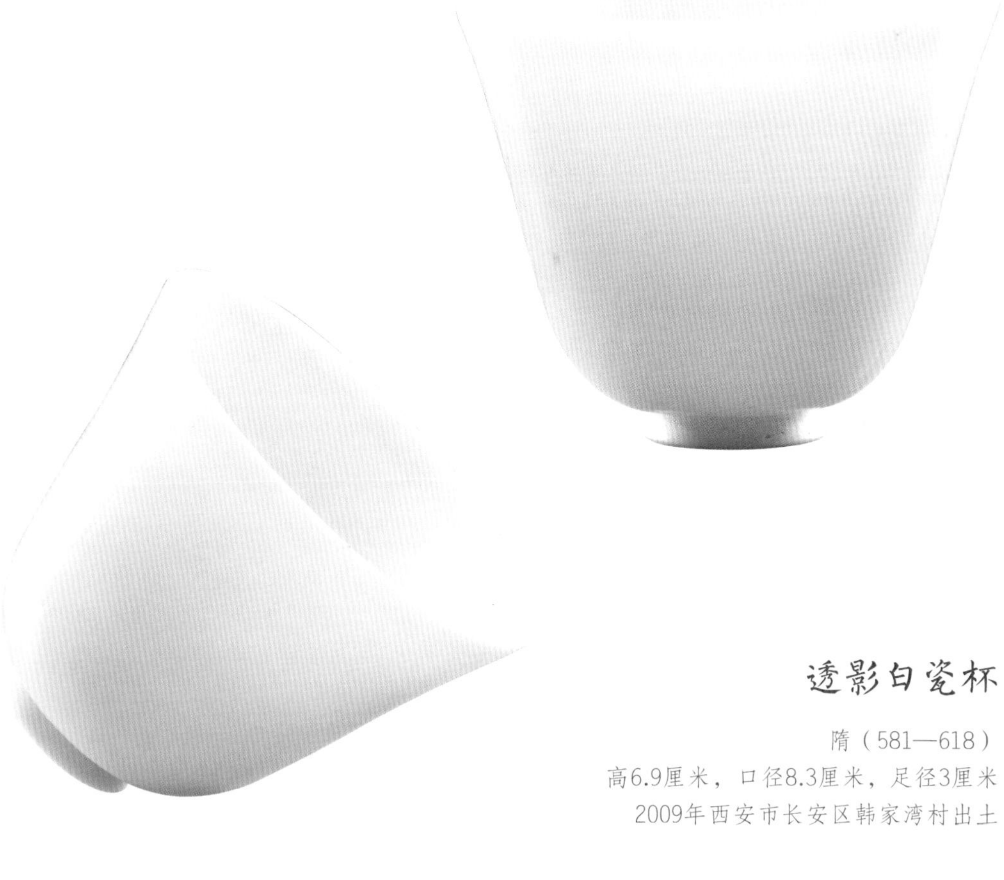

透影白瓷杯

隋（581—618）
高6.9厘米，口径8.3厘米，足径3厘米
2009年西安市长安区韩家湾村出土

假圈足，口沿处有一小缺口，下有一段裂纹。内外均为满釉，釉面细腻光泽，口沿最薄处仅为 0.1 厘米。是目前发现为数不多的保存完整、纪年清楚的透影白瓷器。其外底未见支烧痕迹，应为匣钵个体单装烧制。结合其具有底足稍内凹，足棱切削一周及积釉处微微呈水绿色的特点，并对比长安地区隋墓如隋大业元年（605）李裕墓、大业四年（608）李静训墓出土瓷器的形制及特点，初步推定其属于隋代邢窑的白瓷产品。

邢窑作为中国古代北方白瓷生产窑场的代表，始烧于北朝晚期，经过隋代的发展，在唐代成为北方最重要的白瓷窑场，打破南方青瓷一统天下的局面，这与其工匠在吸收南方制瓷技术基础上并推陈出新是密不可分的。以往隋代白瓷通常仅被视为北朝至唐代陶瓷手工业发展的过渡产品，但在1988年至1991年间在河北邢窑内丘城关窑址发掘出土少量具有透影性质、胎体最薄仅仅0.07—0.1厘米的细白瓷器。这批瓷器胎质细腻洁白，造型规整，胎壁薄，器底除外圈底无釉外，内底心也施釉，瓷釉呈半透明。有研究者认为这就是文献中记载的隋代邢窑透影白瓷，属于邢窑白瓷中的珍稀产品，从而确定了中国精细白瓷的起源。

借助现代科学检测手段，如今我们可以在一定程度上了解透影白瓷的制作工艺。可以说透影白瓷是隋代邢窑窑工不断尝试的成果之一，代表着这一时期白瓷在胎、釉配方改进方面的最高水平。事实上这种胎、釉成分上的尝试，对初唐之后邢窑细白瓷生产技术革新起到了关键作用，并渐渐运用到普通细白瓷产品中，建立起“白釉略失透”的工艺体系。

具体来说，邢窑能够建立起白瓷的生产体系，首先得益于中国北方地区丰富的高岭土、石英和长石等制瓷原料。这些原料含铁量较低，煅烧后具有较高的白度。其次，根据胎体的特征分析，邢窑制坯工艺较为复杂，通常需经反复多次精修才能得到薄胎的效果。施釉方法多为浸釉或荡釉。薄胎瓷的釉层比厚胎瓷要薄许多，用肉眼观其断面基本难以分辨有无釉层存在，原因主要是因为坯体太薄，如果施釉较厚，坯体可能难以承受其重量。

根据科学检测结果，这类透影白瓷的胎料及釉料中含有较高的氧化钾成分，铁钛含量特别低，在高温下氧化钾作为助熔剂，当烧成温度超过 1150°C，不仅能熔化一部分的胎体，同时也会使胎体和釉面不仅更为细腻洁白，而且具有玲珑剔透的特点。另外在釉料配比方面，邢窑还会通过减少釉灰的用量以降低氧化钙的含量，这样可以降低釉层的流动性和着色度，以使釉面更加稳定并能均匀覆盖在胎体表面。最后，这类精细白瓷均采用筒状匣钵一物一匣烧制，在还原气氛中烧成，保证了釉面更加透明和洁净。

唐代诗人皮日休《茶中杂咏·茶瓯》诗云："邢客与越人，皆能烧兹器。圆似月魂堕，轻如云魄起。"非常形象地描绘出透影白瓷器莹润剔透的特点。而这件精巧的透影白瓷杯为研究隋代白瓷的生产工艺和消费提供了明确的纪年资料。目前这类较精细的白瓷仅被发现在较高等级的隋代墓葬中，结合河北邢窑窑址出土的精细白瓷标本数量占比并不算大，可以推测由于这类白瓷烧成难度大、成本高，赏玩性高于实用性，可能是应当时贵族阶级的特殊需求而烧造的。

（是江柳）

唐李倕冠饰和服装组配饰

盛唐长安 风华再现

轻金冠，以金条结之，为鸾鹤状，仍饰以五彩细珠，玲珑相续，可高一尺，秤无二三分。

——苏鹗《杜阳杂编》

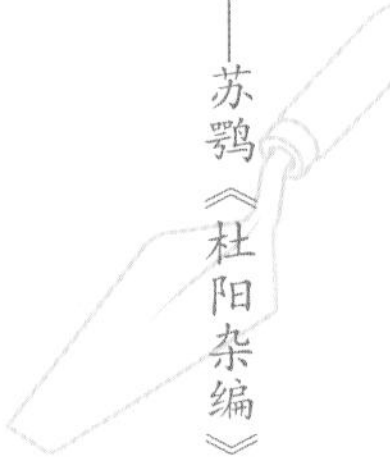

2001年，在西安理工大学曲江校区的建设过程中，考古部门在建设区域内发现了一座小型唐墓。该墓由斜坡墓道、3个过洞、3个天井、甬道及墓室组成，坐北朝南，随葬器物丰富，包括陶、瓷、漆木、铜、铁、金银、玉等各种质地，其中冠饰、服装组配饰，工艺精湛，前所未见。

从出土的朱书墓志可知，墓主名李倕，字淑娴，开元二十四年（736）因病逝于长安城胜业里的家中，年仅25岁。李倕出身皇室宗亲，其五代祖为“圣唐神尧皇帝”，即唐高祖李渊，祖父为豫章王李亶，父亲为嗣舒王李津。根据两唐书的记载，可知其曾祖为高祖李渊的第十八子舒王李元名。其夫侯莫陈，官至宣德郎，前直弘文馆。据《旧唐书》卷四十二记载：宣德郎，正七品，为文散官。

李倕墓虽然没有盗掘迹象，但由于地表渗水，墓葬清理时大多随葬品已漂离了原来的摆放位置，但丰富的随葬品仍为我们提供了一个了解盛唐历史的窗口。在唐朝统治期间，中国领土范围达到了前所未有的程度，文化也极为兴盛。李倕生活在世界帝国的中心、唐王朝的都城长安，李倕墓中发现的许多文物，直接反映了当时先进工艺技术的水平，以及外来文化的影响。

李倕墓的冠饰和服装组配饰都是利用石膏包整体提取回室内的，经中外修复专家长达两年的清理和修复，基本恢复了原状。冠饰内衬的织物和其他有机质部分已腐朽无存，仅保存下来金、铜、铁及绿松石和珍珠等装饰物的部件，大致可分为上中下三部分。

头冠上部是复原成圆球状的“髻罩”，前部正中是一个镶嵌珍珠、绿松石的菱形金框宝钿饰片，两侧对称安置各种装饰华丽的花钿饰件。这些金饰片原来应该是缀在织物上，再包裹在发髻上，并用两根鎏金铜钗加以固定。一件铜钗从顶部左侧向下插入发髻内，顶部有一大一小两个重叠的心形金饰片，铜钗的肩部装饰一个金鸾鸟，头顶凤冠高耸，身部做出羽毛的图案，双翅展开，用绿松石片和珍珠作为羽毛装饰，肩部上方还缠腰几圈细金丝，连接蓝色水晶、红色玛瑙及珍珠等。另一件铜钗是从圆球状头饰的右下方斜向左插入发髻内的，形制与前者基本相同。

头冠中部仅中间和两侧有装饰。中间用一支较大的H形铜钗作为骨架，冠饰的前面和两侧布满镶嵌各种珠宝的饰件，这些饰件以中间的象牙花朵

李倕冠饰

唐开元二十四年（736）
复原高度约39厘米
2001年西安理工大学曲江校区李倕墓出土

长条形花钿

菱形金饰件

花环饰件

雀尾饰件

李倕冠饰细部

韦十三妹墓石椁线刻仕女头冠

和用金丝连接成环状的珍珠花环为中轴，两侧对称连接孔雀尾羽形状和鸟翅形状的花钿，其上镶嵌珍珠和绿松石片。

头冠的下缘为一条横置的长方形花钿，其上部饰双重莲瓣，莲瓣的中部均镶嵌绿松石片，下部垂吊坠饰，坠饰用珍珠、绿松石等宝石制作。另外，头冠石膏包内还有 28 件琥珀和象牙微雕无法恢复原位，有鸾鸟、鸳鸯、鹤、

节愍太子墓壁画中的仕女图

李宪墓石椁线刻仕女头冠

瑞兽、舞伎、杂耍类俑等。

李倕冠饰的修复和复原只是还原了残留的无机质部分，同时还清理出大量有机质的残迹，如纺织品、羽毛、漆器和粘胶等。制作工艺包括铸造、捶打、金珠、掐丝、镶嵌等，代表了当时最高的加工制造工艺水平和艺术水平，真可谓金框宝钿，交胜金粟，美不胜收！

以往在各类图像上看到的唐代妇女头饰大略有三种，第一种是直接在发髻上佩戴的各类装饰物。唐代画家周昉的《簪花仕女图》中的发饰，装饰金钗、步摇和假花等，步摇都装饰在发髻上部的前面，可辨为金丝编成

阿斯塔纳张雄墓出土仕女木桶

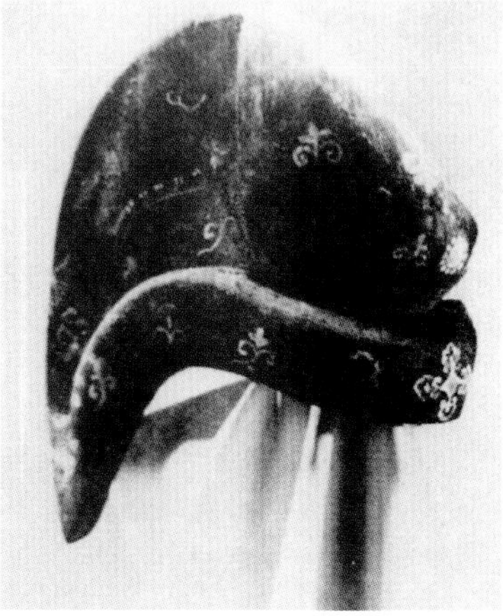

阿斯塔纳张雄墓出土义髻

的花叶及细珠串。在发髻上装饰金银片饰的还可见于富平节愍太子墓壁画中的仕女图。第二种是带有装饰的假髻（又称义髻，即假发）。新疆阿斯塔纳张雄墓中出土了一件用木料做成的义髻实物，义髻外涂黑漆，表面贴饰金花饰片，从底部的小孔眼及孔眼中的金属锈迹看，曾经插有发簪，从义髻的大小和出土位置分析，应是墓主生前使用之物。该墓还出土有一件女子木俑，头上恰好就是这种义髻的微缩版。第三种是冠饰。在唐让皇帝李宪墓石椁仕女头上表现得较为清楚，陕西省长安县（今长安区）出土的韦十三妹石椁上也有类似的冠。

李倕冠饰与以上所见的唐代妇女头饰都不相同，无法直接比较。有学者在唐人苏鹗的《杜阳杂编》里找到一种为“轻金冠”的女子冠饰。唐敬宗宝历二年（826）“浙东国贡舞女二人，一曰飞鸾，二曰轻凤”，这二人“衣軿罗之衣，戴轻金之冠，表异国所贡也”，文中对“轻金冠”有较为详细的描述：“轻金冠，以金条结之，为鸾鹤状，仍饰以五彩细珠，玲珑相续，可高一尺，秤无二三分”。“金条结之”，系用金条（指金丝）连接；冠上有鸾鹤之类的瑞禽造型饰件；装饰有“五彩细珠”，应为不同质地的小珠子；高度可达一尺，约30厘米；重量极轻，“秤无二三分”。这几条文献所描述的细节，与李倕冠饰多有相合之处，有理由推测李倕墓出土的冠饰很有可能就是唐人所说的“轻金冠”。

李倕墓出土的裙腰配饰用珍珠串编成网状，网眼中均缀饰四瓣花钿，下缘装饰一排珍珠串，其下缀有9个小铜铃。唐代妇女多穿高腰裙，裙腰往往高至胸部，华丽的长裙在裙腰部分是会有装饰的。唐人《北里志·王团儿》有一首诗，“寒秀红衣饷阿娇，新团香兽不禁烧。东邻起样裙腰阔，刺蹙黄金线几条”。诗里所说的裙腰较宽，用蹙金线绣。唐墓壁画中，永徽二年（651）段简璧墓壁画中的仕女图，高至胸部的裙腰上有菱形网状的花纹，网格中还装饰有“田字格”纹的小型饰物，与李倕墓出土珍珠较为类似。李贺的《河南府试十二月乐词·二月》一诗有“金翘峨髻愁暮云，沓飒起舞真珠裙”，有可能也是指这种珍珠裙腰的长裙。

腰部以下的两组配饰，完全相同，左侧17组，

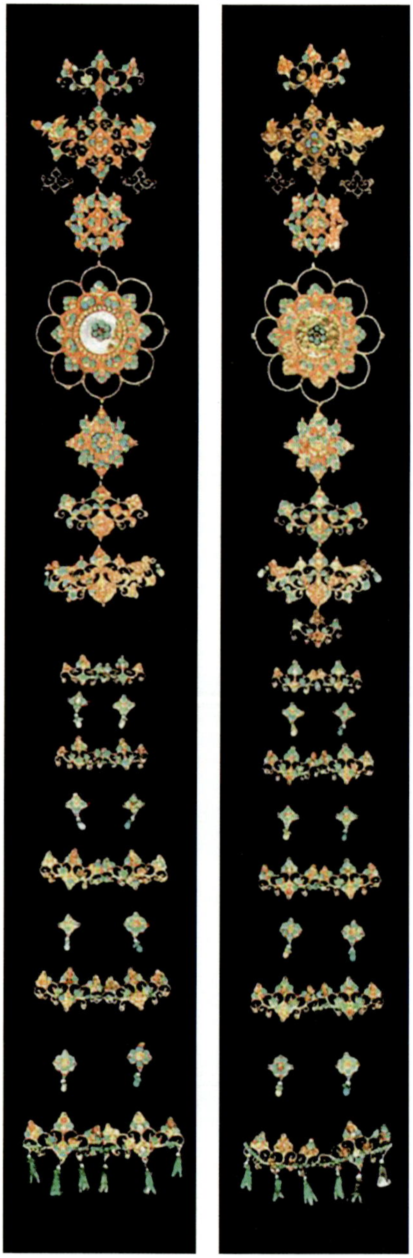

下身佩饰：复原长度70厘米，最大宽度9厘米

腰部佩饰复原

八曲葵花形螺钿铜镜

六曲葵花形螺钿铜镜

右侧 18 组，应为长裙正面两侧的配饰，由造型各异的金框宝钿饰件组成，下端坠饰至少 6 个铜铃。可从腰部垂至脚踝。唐代高等级人物（五品以上）的服饰在腰以下的装饰品主要是玉佩和绶，男女均可佩戴，等级区别在于

下身配饰（局部）

李倕冠饰和服装组配饰复原展示场景

玉佩所使用的玉料和绶的尺寸、质地、颜色。唐代文献中见有佩戴金花者多为外国，如“婆利国……王戴花形如皮弁，装以真珠璎珞，身坐金床。侍女有金花宝缕之饰，或持白拂孔雀扇”。又如“倭国，在新罗东南，居大海中，世与中国通。隋炀帝赐之衣冠，今以锦彩为冠饰。衣服之制，颇类新罗。腰饰金花，长八寸，左右各数枚，以明贵贱等级”。可以推测，或许盛唐时期模仿倭国装饰风格，发明了像李倕墓出土的佩饰。

另外，李倕墓中随葬的其他金、银、铜器也都很有时代特色。八曲葵花形螺钿铜镜、银背铜镜、铜洗、提梁罐、熨斗、三足银盒、银锁、漆盒等也可反映出李倕身份的高贵及生前生活的奢华。墓主李倕下葬时的穿戴及这些精美的铜器、银器及漆器很有可能是墓主生前所用之物。

（王沛）

唐昭容上官氏墓志

千年万岁 椒花颂声

一方墓志，让一代传奇女子上官婉儿留给我们的形象更加清晰，也让我们得以管窥她是如何在皇权斗争中谋求生存，在跌宕起伏中经历时代、家族与个人命运的变迁。

2013 年 8—9 月，考古部门在咸阳市渭城区发掘了一座唐代墓葬，该墓是一座斜坡墓道多天井和小龛的单室砖券墓，坐北朝南，由墓道、5 个天井、5 个过洞、4 个壁龛、甬道和墓室等组成，水平全长 36.5 米，深 10.1 米。由出土墓志可确认，墓主为唐中宗昭容上官氏，即一代才女上官婉儿。

墓志是墓葬中最重要的文物，占据着整个墓葬考古信息价值的绝大部分，是一切关于墓葬学术研究的基础。据发掘者判断，此墓甬道和墓室毁坏严重，第四、五天井与第五过洞及甬道被大范围扰动，第五过洞及甬道顶部不存，有典型的“毁墓”迹象，所出遗物不多，看点就在这方墓志上。上官婉儿作为唐代传奇女性，从“掖庭罪奴”到“巾帼宰相”，她的故事一再被文艺作品改编，也为普罗大众津津乐道，可谓历史名人中的名人。

然而关于其人的史料相当有限，新发现的墓志成为目前所见关于上官氏生平内容最详尽的文字。

志盖盝顶，顶面正中阴刻篆书“大唐故昭容上官氏铭”。志石阴刻正书32行，满行33字，共计982字。墓志文是一种固定的文体，由“序”和“铭”两部分组成，“序”是墓志文的主体内容。这方墓志序文记载了上官氏的籍贯、世系（祖父三代的名讳、官职、事迹等）、简要生平、死因、享年、葬时、葬地等信息，序文后是两段铭，用韵文赞颂志主的功绩，表达生者对死者的哀悼。

墓志首题称“婕妤”，缘于后文“表请退为婕妤，再三方许”，又有新唐书《上官昭容传》卷七十六：“郑（上官昭容母郑氏）卒，谥节义夫人。婉儿请降秩行服，诏起为婕妤，俄还昭容。”唐制，昭容为皇帝九嫔第二级，仅次于昭仪，正二品阶；婕妤为二十七世妇第一等，正三品阶。

墓志序文用近一半的篇幅叙述上官昭容祖父三代的历官，夸耀其事迹文采。曾祖父上官弘，史无传，《旧唐书》卷八十《上官仪传》提及“父弘，隋江都宫副监，因家于江都。大业末，弘为将军陈稜所杀”。墓志载上官弘历官“隋藤王府记室参军、襄州总管府属、华州长史、会稽郡赞持、尚书比部郎中，与榖城公吐万绪平江南，授通议大夫”，可补史缺。隋藤王即滕王杨瓒，隋文帝杨坚母弟。赞持即赞治，唐人避高宗讳改治为持。隋代赞治为郡之长贰，在郡仅次于太守，例同一州之长史。

祖父上官仪，两唐书有传，曾任高宗朝宰相，亦是初唐诗坛之翘楚，

大唐故婕妤上官氏墓誌銘并序

夫道之妙者，乾坤得之而為形質；氣之精者，造化取之而為識用。挻埴陶鑄，合散消息，不可備之於人；備之於人矣，則光前絕後，千載其一。婕妤姓上官，隴西上邽人也。其先高陽氏之後。子為楚上官大夫，因生得姓之相繼；女為漢昭帝皇后，富貴勳庸之不絕。

曾祖弘，隨藤王府記室參軍，襄州總管府屬，華州長史，會稽郡贊持，尚書比部郎中，與穀城公吐萬緒平江南，授通議大夫。學備五車，文窮三變。曳裾入侍，載清長坂之衣冠；杖劍出征，一掃平江之氛祲。祖儀，皇朝晉府參軍，東閣祭酒，弘文館學士，給事中，太子洗馬，中書舍人，秘書少監，銀青光祿大夫，行中書侍郎，同中書門下三品，贈中書令，秦州都督，上柱國，楚國公，食邑三千戶。波濤海運，崖岸山高，為木則揉作良弓，為鐵則礪成利劍。採摭殫於糟粕，一令典籍困窮；錯綜極於煙霞，載使文章全盛。至於跨躡簪笏，謀猷廟堂，以石投水而高視，以梅和羹而獨步。官寮府佐，問望相趨；麟閣龍樓，輝光遞襲。富不期侈，貴不易交。生有令名，天書滿於華屋；沒有遺愛，璽誥及於窮泉。父庭芝，左千牛，周王府屬，人物本源，士流冠冕。宸極以侍奉為重，道在腹心；王庭以吐納為先，事資喉舌。落落萬尋之樹，方振國風；昂昂千里之駒，始光人望。屬楚公數奇運否，解印褰裳，近辭金闕之前，遠竄石門之外，並從流迸，同以憂卒。贈黃門侍郎，天水郡開國公，食邑三千戶。訪以荒陬，無復藤城之槨；藏之秘府，空餘竹簡之書。

婕妤懿淑天資，賢明神助。詩書為苑囿，捃拾得其菁華；翰墨為機杼，組織成其錦繡。年十三為才人。該通備於龍蛇，應卒逾於星火。先皇撥亂返正，除舊布新，救人疾苦，紹天明命。神龍元年，冊為昭容。以韋氏侮弄國權，搖動皇極。賊臣遞構，欲立愛女為儲；愛女潛謀，欲以賊臣為黨。昭容泣血極諫，扣心竭誠，乞降綸言，將除蔓草。先帝自存寬厚，為掩瑕疵，昭容覺事不行，計無所出。上之，請擿伏而理，言且莫從；中之，請辭位而退，制未之許；次之，請落髮而出，卒為摧剟；下之，請飲鴆而死，幾至顛墜。先帝惜其才用，慜以堅貞，廣求入腠之醫，纔救懸絲之命，屢移朏魄，始就痊平。表請退為婕妤，再三方許。暨宮車晏駕，土宇銜哀。政出後宮，思屠害黎庶；事連外戚，欲傾覆宗社。皇太子沖規參聖，上智伐謀，既先天不違，亦後天斯應。拯皇基於傾覆，安帝道於艱虞。昭容居危以安，處險而泰。且陪清禁，委運於乾坤之間；

遽冒鋒鋩，亡身於倉卒之際。時春秋四十七。皇鑒昭臨，聖慈軫悼，爰適制命，禮葬贈官。太平公主哀傷，賻贈絹五百匹，遣使弔祭，詞旨綢繆。以大唐景雲元年八月二十四日窆於雍州咸陽縣茂道鄉洪瀆原，禮也。龜龍八卦，與紅顏而並銷；金石五聲，隨白骨而俱葬。其詞曰：

巨閥鴻勳，長源遠系。冠冕交襲，公侯相繼。爰誕賢明，是光鋒銳。宮闈以得，若合符契。其一

瀟湘水斷，宛委山傾。珠沉圓折，玉碎連城。甫瞻松檟，靜聽墳塋。千年萬歲，椒花頌聲。其二

墓志结构

有文集十三卷，不存，《全唐诗》辑有其诗作。父亲上官庭芝，无专传，附其父上官仪传曰“子庭芝，历位周王府属，与仪俱被杀”。墓志对于上官仪与上官庭芝之死，以曲笔带过“属楚国公数奇运否，解印褰裳，近辞金阙之前，远窜石门之外，并从流进，同以忧卒”。《新唐书》载上官庭芝以上官昭容故追赠为“黄门侍郎、岐州刺史、天水郡公，仍令以礼改葬”，符合墓志中所说：“访以荒陬，无复藤城之榇；藏之秘府，空余竹简之书。”

墓志对于上官氏自身的经历描述较为简略，只有几个时间节点。上官氏“年十三为才人”，系上元三年或仪凤元年（676）。“神龙元年，册为昭容”。根据墓志志文，“表请退为婕妤”是针对韦后弄权和安乐公主争立“皇太女”事，文献未见记载而墓志所述极为生动。撰文者在此替上官昭容表明政治立场，在中宗朝后期与相王、太平公主属于同一阵营，绝非韦后一党。

“亡身于仓卒之际”，即上官昭容死于李隆基发动的唐隆政变。《资治通鉴》描述得较为详细：“及隆基入宫，昭容执烛率宫人迎之，以制草示刘幽求。幽求为之言，隆基不许，斩于旗下。”《旧唐书》卷七《中宗本纪》载：“六月壬午，帝遇毒，崩于神龙殿，年五十。……庚子，夜，临淄王讳举兵诛诸韦、武，皆枭首于安福门外，韦太后为乱兵所杀。”考长历，景龙四年（710）六月辛巳朔，壬午为初二日，庚子为二十日。《旧唐书》卷五十一《上官昭容传》载：“及韦庶人败，婉儿亦斩于旗下。”上官昭容亦当为六月二十日卒，并于“大唐景云元年（710）八月二十四日，

大唐故
昭容上
官氏銘

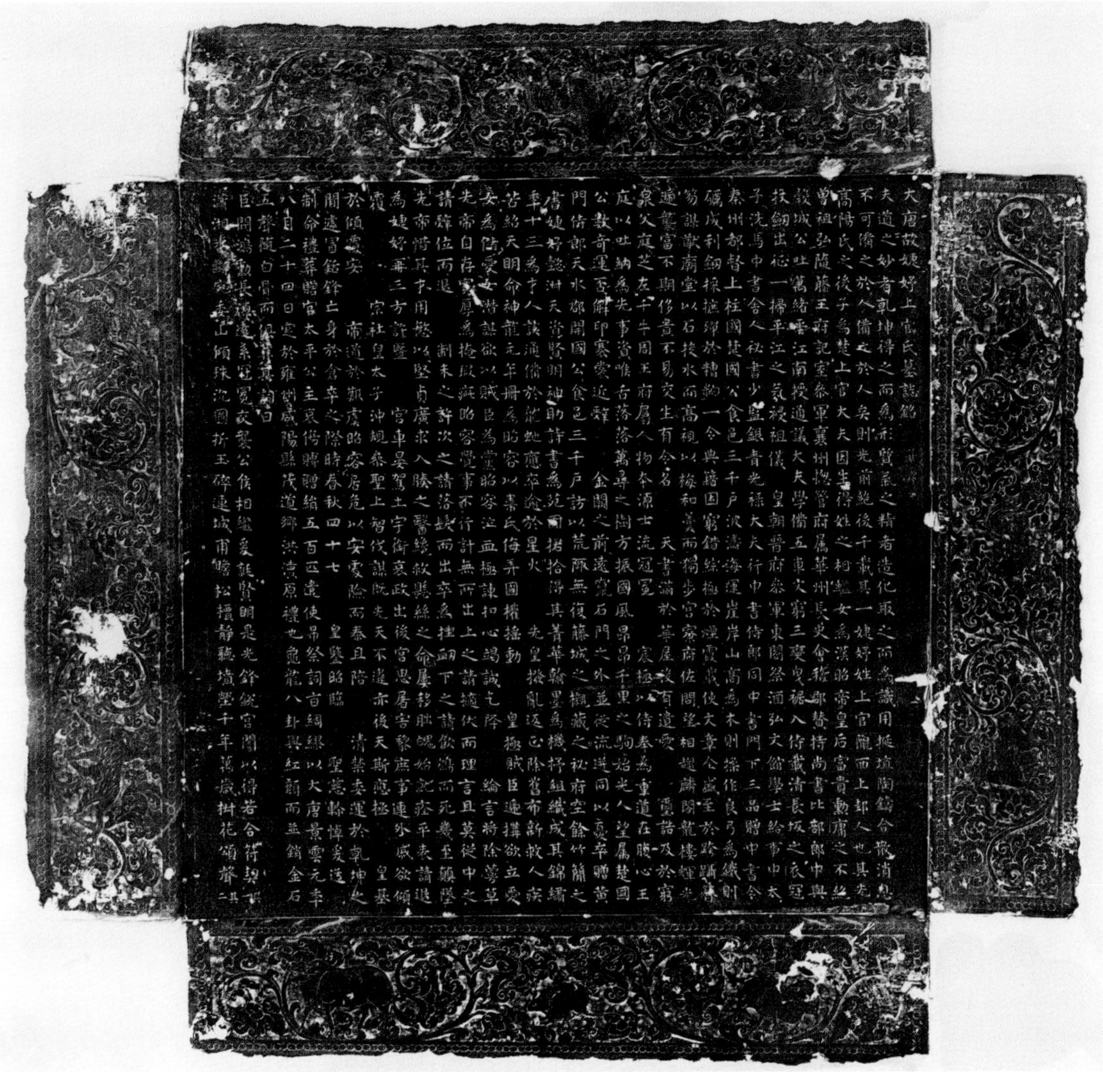

唐昭容上官氏墓志盖及墓志（拓本）

唐景云元年（710）

志盖高75厘米，广73厘米，厚12.5厘米；志石高74厘米，广74厘米，厚15.5厘米

2013年陕西省咸阳市渭城区北杜街道出土

窆于雍州咸阳县茂道乡洪渎原。”自卒及葬，仅有两个月时间。

按照唐代墓志撰写的惯例，撰文者大多会在序文末尾对出资制作墓志的请托人（一般是志主的子女或家庭重要成员）点名奉承一番，以昭显后者的孝友或慷慨。唐昭容上官氏墓志文面上的请托人是当时的唐睿宗。但志文在皇帝制命之后又特别言明：“太平公主哀伤，赙赠绢五百匹，遣使吊祭，词旨绸缪”，毫不掩饰太平公主痛惜上官氏之死的感情。太平公主礼葬上官婉儿，一来二人年龄相仿，同在皇宫中长大，必定接触频繁，有私交；二来两人可能政见相同，且上官婉儿与武氏过从甚密，而太平公主的第二任驸马武攸暨正是武氏家族成员。景云元年的太平公主，正处于协助李隆基平定韦后之乱并支持睿宗登基的政治全盛时期。结合墓志“词旨绸缪”的描述，不难想象上官昭容的安葬，太平公主有游说睿宗的莫大之功，实际上葬礼的资助者也是这位当时说一不二的大唐公主。

从历史研究的角度来说，唐昭容上官氏墓志的发现可订史补佚，而所刻书迹的书法风格、书体流变、錾刻纹饰等也为学者们所重视。这合墓志用高质量的青石制作，呈正方形，在唐代墓志中可算作大型墓志。墓志盖面和志石四侧减地线刻牡丹、忍冬、瑞兽、十二生肖，造型优美、錾刻精细，在唐代墓志线刻装饰图案中属难得的上乘之作。墓志盖顶篆刻“大唐故昭容上官氏铭”。墓志正文措辞工稳、文采华丽、书刻俱佳，其书法风格呈现出由“瘦硬峻挺”向“丰腴流美”转变的时代特征，是典型的优秀仕宦书法的流行风尚，亦属于彼时长安文人书法的主流面貌。墓志虽未署书者、撰者，但结合上官氏主张大设昭文馆学士，广召当朝词学之臣，与当朝文士、文臣优秀者过从甚密，又有张说为其撰写《昭容上官氏碑铭》，想来撰者很有可能出自张说、李峤、徐彦伯、崔日用这样的一流文臣。

一方墓志，让一代传奇女子上官婉儿留给我们的形象更加清晰，也让我们得以管窥她是如何在皇权斗争中谋求生存，在跌宕起伏中经历时代、家族与个人命运的变迁。结合墓志及考古发掘所得，为探讨唐中宗时期的宫廷政治斗争及社会背景提供了珍贵的第一手资料，以墓志而为千载之后所闻之，正应和了“千年万岁，椒花颂声”之感！

（王沛）

唐罗婉顺墓志

来自大唐的温度

一次普通的考古发掘却带来出乎意料的重大发现。万年不朽的青石上烟墨氤氲，端正阔大的钩横撇捺书写鲁公的筋骨。

2020年6月一个普通的清晨，考古队员们按部就班地展开发掘工作，发掘地点位于陕西省咸阳市渭城区（现西咸新区秦汉新城）渭城街道龚东村北的一处塬地之上。这里地处渭河以北，临近秦咸阳城遗址，周边有丰富的古代遗存，发掘开始前的考古勘探表明，本次工作将以清理汉代、唐代墓葬为主。

6月19日，一座编号为M34的唐代墓葬正逐渐展露在考古队员面前，在揭取上部土层之后，考古队员根据土质、土色的区别划出这座墓葬的墓道、天井等结构的准确位置，墓葬总长度达35.48米，除墓道之外还发现了5道天井，这样的规模在唐墓中属于中上，考古队员也不禁对墓葬主人的身份产生了好奇之心。

墓葬整体形制

罗婉顺墓志清理中发现颜真卿姓名

罗婉顺墓志盖出土情况（清理中）

墓志出土情况（清理后）

罗婉顺墓志出土情况（清理后）

7月7日，考古队员展开墓室的清理工作。伴随手铲下每一寸泥土的剥离，队员们高悬的心始终未能放下，因为在清理墓道时就已经发现早期盗扰的迹象，墓室的砖封门被破坏过，这座墓葬中究竟还能剩下些什么？临近中午，队员们万分失望，因为本应放置着墓主棺材与遗体的棺床上空空如也。但下一刻在靠近甬道位置暴露出来的一抹白色又让考古队重燃斗志，两方墓志很快被清理出来。能够看出，墓志被盗墓者翻动过，或许他们也曾揭开志盖瞧了瞧其中的内容。天可怜见，粗笨的石头未能入盗墓者的“法眼”，它们在黑暗中静候了一千二百余年却注定要开启一段新的传奇。

依据惯例，墓志首行会书写墓主官职、姓名，撰文者姓名等信息，好奇心驱使考古队员在现场就开始清理志石表面的厚厚淤泥，用竹签顺着笔画剔除，一个个端正的楷书文字逐渐显露。“大唐”“元府君夫人罗氏”“汝阳郡王琎撰”“长安县尉颜……”，被掀到一旁的志盖恰好挡住了后面的文字。正在清理的队员心中一动，招呼同事轻轻抬起志盖，手中的工具有点颤抖，手下动作不由得更轻柔了些。“长安县尉颜真卿书”！清晰的文字映入眼帘，这一瞬尘埃落定，这一眼就望到了那年的大唐。

经过后期整理研究，这座墓葬中共出土墓志 2 合，以此判断墓主分别为唐故朝议郎、行绛州龙门县令、上护军元大谦及其夫人罗婉顺。志文的撰写人都是唐让皇帝李宪之子、唐玄宗李隆基之侄——汝阳郡王李琎，元大谦墓志的书写人是其本家侄孙元豫，罗婉顺墓志的书写人则是日后鼎鼎大名的颜真卿。

元大谦与罗婉顺均为鲜卑人。元大谦本姓拓跋，是北魏皇室后裔，生于唐龙朔元年（661），历任姚州都督府录事参军、陇州司仓参军、右骁卫长史、绛州龙门县令等官职，开元六年（718）死于任内，享年 58 岁，追赠朝议郎、上护军。罗婉顺本姓叱罗，据称先祖属北魏穆帝叱罗皇后家族，其曾祖罗俨与郑王李元懿家族结姻，尚金明县主。罗婉顺与元大谦育有七子，是一位普普通通的官宦夫人，卒于天宝五载（746）三月初五，天宝六载（747）二月初三与丈夫合葬。

从二人的履历来看实属普通，史书上也没有只言片语的记载，但为

唐罗婉顺墓志及盖

唐（618—907）

盖边长51—51.4厘米，厚9.5厘米；志石边长51.3厘米，厚10.2厘米

陕西省咸阳市渭城区出土

何能够让李唐皇室宗亲为他们撰写墓志，又能让大书法家颜真卿为其书丹呢？实际上，在本次考古发掘中，还发现了元大谦与罗婉顺第三子元不器和他们侄子元自觉的墓葬，也都出土了墓志。将几方墓志的内容综合来看，就勾勒出元氏家族的关系网。元自觉的姐姐、元大谦的侄女是让皇帝李宪的妃子，而且是正妻，史载李宪死后追封为让皇帝，妃元氏追赠为恭皇后，共同陪葬于桥陵之旁。李琎是李宪长子，元氏所出，所以在墓志中他自称是元大谦与罗婉顺的外侄孙，辈分相符。李琎很受唐玄宗的喜爱，他善饮酒、懂音律，与李白、贺知章、李适之、崔宗之、苏晋、张旭、焦遂并称为“酒八仙人”。大诗人杜甫还有一首《饮中八仙歌》描绘众人，其中“汝阳三斗始朝天，道逢麴车口流涎，恨不移封向酒泉”一句说的正是李琎。

我们皆知颜真卿是大书法家，但在隋唐时期还有一支以书法闻名的家族，就是颜真卿的母族——陈郡殷氏家族。颜、殷两家世代通婚，颜真卿的书法开蒙也得益于殷氏家学的熏陶。颜真卿的舅舅殷践猷在开元五年（717）、六年曾任秘书省学士，颜真卿本人在开元二十四年（736）任秘书省著作局校书郎。而李琎在开元年间曾任秘书监，执掌秘书省，下辖著作、太史二局，所以说甥舅二人都曾在李琎手下为官，他们必定是相识的。虽然当时颜真卿只是一介县尉，但他在二十六岁就高登进士第甲科，又娶一等氏族的京兆韦氏女为妻，可谓前途无量，想必李琎也是看重了他的才学与门第，才请托其为自己的舅祖母书写墓志。

颜真卿传世墨宝仅十余件，多在西安碑林博物馆，且基本为其晚年作品。早年书迹目前仅见河南洛阳开元二十九年（741）王琳墓志、偃师天宝八载郭虚己墓志以及罗婉顺墓志。这些珍贵的文物生动反映出颜真卿书法风格动态的形成过程，让我们对这位大书法家的印象更加丰满、生动。罗婉顺墓志的出土更显弥足珍贵，通过科学的考古发掘，全面收集、发表文物出土的相关信息，让它背后的故事更加生动地传达出去，这就是考古的温度。地不藏宝，在陕西大地还有更多的惊喜等待考古工作者去探寻、发掘。

（张杨力铮）

马球图

勇敢者的游戏

虽然壁画有残损，但一千多年前的生动气韵并未受到影响，静观画面，我们仿佛能听到球场上激烈的搏击声、场外加油呐喊的欢呼声……

“分曹决胜约前定，百马攒蹄近相映。球惊杖奋合且离，红牛缨绂黄金羁。侧身转臂著马腹，霹雳应手神珠驰。”大诗人韩愈以诗歌的形式将唐代颇受欢迎的贵族运动——打马球生动形象地呈现在我们面前。马球运动来源于域外，因唐太宗的提倡而逐渐风靡，唐代多位皇帝都酷爱打马球，根据文献记载及考古发现的情况来看，大明宫、华清池等宫廷禁苑都修建有马球场。关于这项运动，唐人不仅留下了灿烂的诗篇，更有栩栩如生的画作，出土于唐嗣虢王李邕墓的马球图壁画便是代表作，同题材的画作还见于章怀太子墓。

李邕墓位于陕西省富平县，考古部门于2004年发现并进行了考古发掘，整座墓由墓道、天井、过洞、壁龛、前后甬道、前后墓室构成，墓主身份因墓志的出土而得到确认，墓主李邕是唐高祖李渊第十五子李凤的嫡孙，该墓为献陵的陪葬墓，墓葬封土、墓前石刻、天井数量、墓室尺寸等基本符合王者的规制，墓葬前甬道西壁发现的马球图是不可多得的珍品，画面色彩明丽，线条流畅，人物形象生动，极富动感。

壁画已残损，残存的画面中可完整辨识出两匹马及两个骑手。画面左侧的骑手跨于鞍上，浓眉虎目，长有浓密的络腮胡，头裹黑色软脚幞头，幞头双脚飘扬于脑后，上身着黄色左衽团领小衫，下穿白色长裤，外罩红色袍服，为了行动方便而将左臂袍袖脱下掖于腰间，足蹬黑色长筒尖头靴，左手挽缰，右手握球杆，一副蓄势待发之态；身下之马为跳跃式，四蹄腾空，马体与四蹄呈白色，身上散布有黄色斑点，四蹄与尾皆为枣红色。画面右侧的骑手双目圆睁，身着黄色袍服，腰束黑带，下穿白裤，足蹬黑色高筒靴，右侧袍袖脱下掖于后腰带上，露出肌肉发达的右肩和右臂，右手紧握球杆并举过头顶，左手提缰，全神贯注；鞍下之马作跃起状，立耳，乍鬃，前腿高抬，后腿直立，四肢修长，肌体健壮，通体雪白，面颊、鬃毛、尾及四肢皆为枣红色。在整幅画面的中部下方有一白色小球，上有十字纹装饰，这颗球便是马球。虽然壁画有残损，但一千多年前的生动气韵并未受到影响，静观画面，我们仿佛能听到球场上激烈的搏击声、场外加油呐喊的欢呼声……

马球图在李邕墓中的发现，一方面是打马球这项运动广泛流行于贵族阶层的真实再现；另一方面，根据墓志铭“王时陪蹙鞠”，再结合壁画内容及相关记载来看，李邕本人就是一名打马球的高手。史书中有过一段唐

蕃马球赛的记载，故事发生在唐中宗景龙三年（709），吐蕃派遣使者来长安迎娶金城公主，唐蕃之间在球场上展开激烈角逐，比赛开始后，连续好几个回合吐蕃队都更胜一筹，在这样的情势之下，中宗命临淄王李隆基、嗣虢王李邕、驸马杨慎交、武延秀四人组队，迎战吐蕃，最终以四敌十，大获全胜。根据史实，有学者对李邕墓马球图呈现的内容进行了推测，如若对残损的画面进行复原，画中正好有四人四马，这幅壁画很有可能是画

马球图

家根据景龙三年李隆基、李邕、杨慎交、武延秀以四敌十的事迹绘制而成的。

马球是勇敢者的游戏，是一项追求勇气、速度、智慧的运动，一千多年后的今天，我们有幸通过这幅壁画领略唐人奔放洒脱、积极进取的精神风貌与时代气息，见证大唐曾经的辉煌。

（安婷宇）

彩绘陶羯鼓

霓裳羯鼓　八音之首

唐李宪夫妇合葬墓出土的这两件不可多得的彩绘陶羯鼓，成为盛唐时期从宫室到民间流行演奏龟兹乐的实物见证。

2000 年 3 月，考古人员对位于蒲城县三合乡的唐李宪夫妇合葬墓——惠陵进行了抢救性发掘。在众多的随葬品中，出土于第一过洞西壁壁龛中的两件彩绘陶羯鼓显得精美而特殊。现展出于陕西考古博物馆的这件羯鼓为其中一件，器形完整，彩绘如新。鼓身整体为 0.5 厘米厚的泥质红陶，中空，由合模分制粘接组成。羯鼓两端头原蒙有皮革鼓面，出土时已朽坏，鼓身呈筒状，微鼓腹、敛口、圆唇，口沿处各有一周弦纹，中部束腰上均匀分布五道弦纹。通体施白陶衣，上描橘红色彩，再以黑、绿、白等色绘小团花八组，束腰处分布四组，两侧鼓身各绘两组。这两件不可多得的彩绘陶羯鼓，成为盛唐时期从宫室到民间都流行演奏龟兹乐的实物见证。

宁王李宪本名李成器，是睿宗的嫡长子、玄宗李隆基之兄，将帝位让

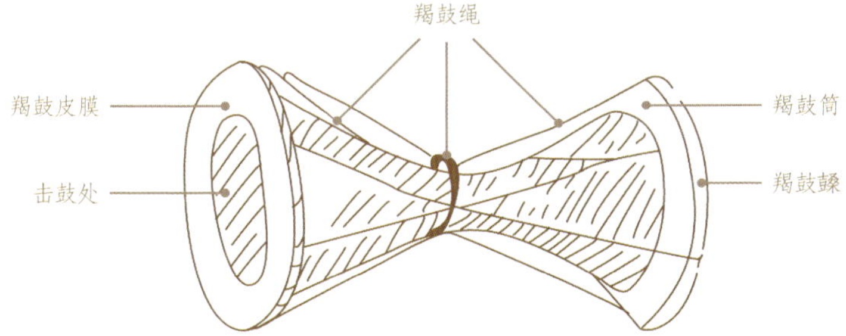

彩绘陶羯鼓

唐（618—907）

长39.7厘米，两端口径17厘米，腰径7.2厘米

2000年陕西省蒲城县三合乡唐李宪夫妇合葬墓惠陵出土

陶羯鼓（局部）

予玄宗，死后被尊为“让皇帝”。据史籍所载，“帝（玄宗）又好羯鼓，而宁王善吹横笛，达官大臣慕之，皆喜言音律”。宁王亦酷爱羯鼓，《酉阳杂俎》中记载了宁王及其子对羯鼓十分喜爱并拥有极高的演奏技巧。宁王盛夏之时“挥汗挽鼓”，勤练不辍。这两件羯鼓的发现，“纸上之文献材料”与“地下之实物材料”都可印证宁王对羯鼓的偏爱，也从侧面反映出羯鼓在唐代乐器中的地位。

鼓是中华传统音乐中不可或缺的打击乐器，在我国上古时代就已有关于鼓的记载。如《吕氏春秋·古乐》中记载：“帝尧立，乃命置为乐。置乃效山林谿谷之音以歌，乃以麋輅而鼓之，乃拊石击石，以象上帝玉磬之音，以致舞百兽”。这时以陶土作鼓腔，以麋鹿、鳄鱼等动物皮革作鼓面的击打乐器被称为“土鼓”或“鼍（tuó）鼓”。在新石器时代晚期的陶寺、大汶口等遗址都出土木制或陶制的鼓腔体，可知鼓已是华夏先民音乐舞蹈中使用的重要乐器。

华夏文明之外也有多种式样的鼓，与我国的鼓式大有不同。自汉至唐，通过丝绸之路的文化交流，很多西域地区流行的鼓的式样传入中原并流行起来。史籍中记载输入的鼓式名目繁多，如答腊鼓、毛员鼓、都昙鼓、鸡娄鼓、腰鼓、羯鼓等。这些打击乐器极大地丰富了我国古代音乐，成为我国灿烂物质文化和精神文化的重要组成部分。

羯鼓不仅是传入鼓式中文献记载最多的一种，也是目前考古发现较多的一种。羯鼓是古代西域民族——羯人的乐器。唐人南翔所撰《羯鼓录》载："羯鼓出外夷，以戎羯之故，鼓曰羯鼓"。隋唐时期，中外乐舞文化交流空前繁荣，周边各民族和域外乐舞大量输入，此时的音乐在表演形式、乐器种类、音乐理论、音乐人才等方面都取得了极大进步，成为我国古代音乐发展的一个重要阶段。

隋代确立了"多部乐"的演出体制，以体现强大帝国的德音广被、四夷咸服的盛景。唐代将隋代的"七部乐"发展成为"十部乐"，上演顺序分别是：讌（yàn）乐、清乐、西凉乐、龟兹乐、安国乐、康国乐、高丽乐、疏勒乐、天竺乐、高昌乐。各部乐所使用的鼓式各有不同，其中高昌乐使用羯鼓。除十部乐以外，还有多种民族和域外的乐舞，也有使用羯鼓，如扶南乐等。

羯鼓也与佛教文化有着非常密切的关系。在反映佛国载歌载舞、令人遐想的各种净土世界时，往往以弹奏各种乐器的乐伎和翩翩起舞的舞伎来表现天堂般的佛教生活。在敦煌石窟壁画中，描绘了大小乐队 500 余组，乐伎 3000 多人，乐器 4000 余件，乐器种类 44 种，其中就有为数不少的羯鼓。

安史之乱以前，唐代的皇帝都喜欢胡乐。羯鼓就是演奏胡乐必不可少的“重器”，通常作为乐队的首席，居指挥地位。如唐早期流行《秦王破阵曲》，反映的是李世民在隋末与各路豪杰征战的场面，密集的羯鼓声似乎让我们看到秦王身骑拳毛騧（guā）、飒露紫等骏马冲锋陷阵的情形。进入盛唐时期，经济发展，万国来朝。羯鼓在表现盛世的歌舞升平的音乐中地位并未下降。唐玄宗便是此道高手。《新唐书·礼乐志》记载：“玄宗又好羯鼓，……帝尝称：羯鼓，八音之领袖，诸乐不可方也”。

上有所好，下必甚焉，很多皇亲国戚、大臣乐师，都喜欢玩羯鼓。除宁王李宪以

敦煌壁画中的羯鼓演奏

外，其子汝南王李花奴也是著名的羯鼓演奏家。据说有一次，他演奏时在帽子上安放了数朵葵花，边拍羯鼓边跳舞，曲终花未落，玄宗赐金器以示喜爱。

除在墓葬中发掘出土的羯鼓外，很多唐代的窑场也与羯鼓的生产有关。在河南郏县黄道窑、鲁山段店窑、禹县小白峪窑、山西交城窑等唐代窑址也发现了烧造花瓷羯鼓的痕迹。北京故宫所藏花瓷羯鼓，就是鲁山窑的产品。

——羯鼓杖

——羯鼓

随着唐代中日文化交流的繁盛，羯鼓也传到了日本。日本奈良正仓院收藏有唐代羯鼓，在日本的古代音乐中也留下了深刻的印记，在现代日本传统音乐演奏中，依然在使用羯鼓。宋代，羯鼓由宫廷贵族的玩物流向民间，生产羯鼓的窑场进一步扩大到全国各地。元代之后，羯鼓渐趋衰落，时至今日，仅在少数地区仍有使用。

（胡小玉）

投龙仪式模拟盘

唐代盛行的道教仪式

康令恽每次建功立业，将无数战利品和功绩都让给君主，深明为人臣子之道，唐玄宗对其十分赞赏，因此对他宠爱有加，提拔升迁胜于同僚。下诏赐给金银器上千件，各类丝织品多达万匹。虽然康令恽墓被严重盗掘，但腰坑内的铜盘幸存保留，或许这正是皇家赐予的。

1998 年 5 月，考古部门在西安市东郊配合基本建设施工时发现了一座大型唐代墓葬，该墓由长斜坡墓道、5 个过洞、5 个天井、6 个壁龛和墓室所组成，根据出土的墓志证实，此墓主人是唐代曾任范阳节度副使上柱国山阴县开国子的康令恽。墓葬中原绘制的壁画均已全部脱落，随葬品被严重盗掘，所幸在墓室西部的棺椁下发现一个腰坑，内有一铜盆，出土时盆内放置 5 条鎏金铜走龙，4 只鎏金铜龟，2 条鎏金铜摩羯鱼，盆内底还粘有 16 枚钱币，2 枚脱落，均锈蚀严重，但在盆内有一钱币锈蚀痕迹可辨为开元通宝。

鎏金铜龙、金龙在投龙活动中起到“金龙驿传”的作用，即充当通往上天的信使，是道教投龙仪式中所用的法器。唐代道教投龙始于唐高宗时

投龙仪式模拟盘

唐（618—907）

铜盆，敞口微斜沿，直腹，平底，素面。口径33.2厘米，底径29厘米，高7厘米，重1490克

鎏金铜走龙5条，形制几乎相同，尺寸均为长9厘米，高5厘米，重量为30—37克不等

鎏金铜龟4只，形制完全相同，长7.5—7.8厘米，高2.5—2.6厘米，重量为58—104克不等

鎏金铜摩羯鱼2条，形制尺寸完全相同，长7.5厘米，宽2.5厘米，重为67、70克

1998年西安市东郊马家沟村出土

铜盆

期。唐莫休符《桂林风土记》载漓山："古老相传，龙朔中，曾降天使，投龙于此。今每岁旱请雨，潭中多有应。"唐高宗龙朔（661—663）中，始在漓山下龙潭投金龙。《南岳总胜集》载衡岳观："高宗弘道二年，诏叶法善天师封岳地方四十里，充观长生之地，禁樵采，断田猎，投龙奠简，以为常典。"唐玄宗即位的先天年间（712—713），已开始举行投龙仪式。宋施宿《会稽志》卷七载天台山金庭观："唐先天间，遣女道士诣金庭观投龙。"至唐代最兴盛的开元天宝年间，也是唐代投龙的高潮时期。投龙至祭是道教最重要的科仪之一，源于道教的天、地、水三官信仰，其一

铜盆（局部）

般方式是将写有愿望的文简和玉璧、金龙、金钮用青丝捆扎，举行醮仪后，投入名山大川、岩渎水府，作为升度之信，以奏告三元。文简都是丹书玉札，再配金龙一条，金钮 9 枚，用青丝捆扎。金龙用黄金做成龙形，道教认为龙是乘云气、御阴阳之物，能变化不测，入地升天。在道教的三十六天中，惟龙能驿传信命，通达玄灵。道教有得道者驭龙之说，龙为助人升仙上天之灵兽，道教以龙为驿骑，驰骋翱翔于天界人间。

这些唐代墓葬出土的龙，大多为铜或铜鎏金，其性质应该也是“金龙”。墓葬中虽不会举行投龙活动，但也使用龙充当墓主升天的信使或坐骑。葛

洪《抱朴子·内篇》云：“若能乘蹻者，可以周流天下，不拘山河。凡乘蹻道有三法：一曰龙蹻，二曰虎蹻，三曰鹿卢蹻……思五龙蹻行最远，其余者不过千里也。”龙是有助于升仙的神物，墓葬中置金龙也应当有帮助墓主升仙的目的。康令恽墓出土的鎏金走龙数量为五，应与当时的道教信仰有一定关联。

随葬铜钱与当时的丧葬习俗有很大关系，是当时阴阳术数的一种反映。鎏金铜龟是长寿的象征，祝福其在阴间世界长寿永存。铜鎏金摩羯鱼有鱼化为龙的寓意，是当时社会龙崇拜的另一种表现，也是佛教文化传入的一种证据。龟、摩羯鱼两类随葬品皆为水物，铜盆用来模拟江湖河海，康令恽墓中的鎏金铜走龙、龟、摩羯鱼的组合，正是用来模拟投龙仪式，有助墓主人灵魂升仙的寓意。

鎏金铜走龙

鎏金铜走龙（局部）

鎏金铜龟

这种随葬品组合出现的原因要与康令恽的出身背景和生平事迹相联系，按照墓志记载，康令恽于天宝四载（745）时落葬，而到落葬为止“一纪不茔”，可计算出他在开元二十二年（734）时死亡的结论。另外，根据“艾官之岁有五”发病，下正月死亡，可以推算出他出生于调露元年（679），即他生活的年代是从高宗末期到玄宗的前半期。

有学者曾对该墓志进行深入的考释及研究。康令恽是范阳郡节度副使，《新唐书》卷六十六记载，天宝元年（742），更幽州节度使为范阳节度使。康令恽卒于开元二十二年（734），那么生前是幽州节度副使。在幽州节度使张守珪担任陇右节度使时，康令恽与安禄山同为张守珪部下。

康令恽家族在陇右从事唐朝对抗吐蕃的前线任务，他们出身鄯州西平（青海西宁）粟特人殖民聚落，与以河西走廊为中心的凉州武威粟特人殖

鎏金铜龟

民聚落一同参与对吐蕃的战事。位于青海地区东部陇右地方中心城市的鄯州西平，至迟在北朝时期以后存在着粟特人的殖民聚落。墓志中记载了祖父和儿子的官职、墓主人的战斗经历，都在以鄯州西平为中心的陇右地方，所以可以说康氏是世世代代以此地方为据点的粟特人。特别是关于墓主人之子康承献的记录，《灵岩寺记》所记开元十九年（731）从唐派遣至吐蕃境不远的“积石军”担任军副使，《册府元龟》中则记载其为陇右节度使哥舒翰部下的一员武将，在天宝十三载（754）获得对吐蕃作战的褒奖。由此也可以看出他一生都在陇右地方从事着对吐蕃攻防最前线的任务。

安史之乱时安禄山所代表的“突厥系粟特”的安史军与康令恽代表的各地殖民聚落中传统粟特人有着直接的联系。

志文记述康令恽是在跟随张守珪调往幽州后发病，去世于幕府，天宝

鎏金铜摩羯鱼

四载（745）迁至长安灞原落葬。康氏墓发现于西安市东郊，唐代长安城东，与墓志记述相符。墓葬使用了 5 个天井、6 个壁龛，各建筑单元有壁画，墓室西部有棺椁。康令恽所任范阳郡节度副使为正三品，上柱国为正二品勋官。与其官品相当的长安地区同期墓葬有天宝四载（745）银青光禄大夫

鎏金铜摩羯鱼（局部）

（从三品）苏思勖墓，使用了斜坡墓道多天井砖砌弧方形单室墓，多个天井、4个小龛，砖砌棺床靠西壁，各建筑单元绘有壁画。康令恽卒于安史之乱前，死后葬于长安，墓葬建制遵循了长安地区唐代墓葬的等级与葬仪。

唐康令恽墓棺下腰坑出土的铜盆置放鎏金铜走龙、鎏金铜龟、鎏金铜摩羯鱼并置铜钱这种器物组合，在唐代墓葬中这是迄今仅见的一例。从墓志中可知，康令恽每次建功立业，将无数战利品和功绩都让给君主，深明为人臣子之道，唐玄宗对其十分赞赏，因此对他宠爱有加，提拔升迁胜于同僚。下诏赐给金银器上千件，各类丝织品多达万匹。虽然康令恽墓被严重盗掘，但腰坑内的铜盘幸存保留，或许这正是皇家赐予的。

（刘思哲）

三彩俑 栩栩华彩

这些三彩俑不仅是当时政治规范与礼仪制度结合后出现的产物，也体现了人们对社会新风潮的追求。它们生动地构建了当时的生活情景，传递出唐代从容自信、充满朝气的意趣。

李晦夫妇墓三彩俑

1995 年，西安市高陵区泾渭镇马家湾村发掘了一座唐代早期墓葬——秋官尚书李晦夫妇墓。李晦为李唐宗室，历任多个要职，辅佐帝储，参赞戎机，威卫京畿，治军抚民，是高宗和武后临朝时期的名臣之一，于永昌元年（689 年）逝世并在同年与夫人豆卢氏合葬。

李晦夫妇墓的结构为“品”字形排列的三室唐墓，极为独特，与传统的一般大、中型唐墓均为前后两室的设置不同，增添了唐墓形制上的一个新类型。同时，其出土遗物亦比较丰富，该墓在西侧室中出土有大批唐三彩，共计 151 件，有三彩立俑、三彩骑马俑、三彩模型明器。其中三彩立俑 114 件，完整者 90 件，有风帽立俑、幞头立俑、昆仑奴立俑、小冠立俑四种。三

李晦夫妇墓三彩风帽立俑

李晦夫妇墓三彩幞头立俑

李晦夫妇墓三彩昆仑奴立俑

彩骑马俑 34 件。这些人物俑是目前国内发现纪年最早的唐三彩人物俑。

三彩风帽立俑

俑头戴红色风帽，身着圆领袍服，内着曳地长袍，腰系带，外披翻领窄袖风衣。浓眉圆目，八字胡须，高颧骨。双手合抱置胸前。双脚并齐站立。面部施白彩和红褐色彩绘，眉毛、眼、胡须以黑色描彩，口涂朱红。由衣服颜色不同，可分为黄衣风帽俑和绿衣风帽俑。

三彩幞头立俑

根据姿态、身形、着衣不同可分为两种样式。俑为黄衣和绿衣俑，均头戴黑色幞头，身穿圆领窄袖袍，内着紧口裤，腰间系带，足蹬短靴，颈部以下施釉彩。双手拢于袖中，合置胸前，头略微向后仰。

三彩昆仑奴立俑

俑身着低开领右衽绿色袍服，足蹬酱黄色长筒靴。短黑发卷曲，圆目大鼻小红唇，黑人形象，神情生动。右肘前伸上屈，左臂向前屈伸，手握拳。左腿略前伸，上身笔直，小腹前腆，双脚立于方形踏板之上，似作小跑状。

三彩小冠立俑

身着上黄下绿交领阔袖长袍，下着裤，头戴黑色小冠，双手交叠于腹部，面部为彩绘，粉面红唇，微合双目，唇上有细长八字胡，唇下有短须，足下有踏板。

三彩骑马俑

三彩骑马俑可分为三类：奏乐骑马俑，持缰骑马俑，以及侍女骑马俑。基本为白胎，模塑结合而制。奏乐俑头戴小冠或者风帽，部分俑手上还留有丝竹类乐器和军鼓，头戴小冠者着阔袖长袍，头戴风帽者则着圆领窄袖长袍，足下皆着靴。持缰骑马俑多头戴黑色幞头，内着圆领内衣，外穿翻领窄袖长袍，足下着靴。展示的两件侍女骑马俑，一件侍女俑头发束髻，着窄袖上衫，下为绿色长裙，肩有褐色帔帛。另外一件则脸庞圆润，穿翻领窄袖长袍，脚穿黑靴，头戴异域风格的帷帽。马有黄色和白色釉两种，剪鬃削尾，竹节耳前耸。褐色鞍鞯，墨线络辔。

李晦夫妇墓出土的这批三彩俑具有早期唐三彩的显著特点，色彩比较单一，主要为黄、绿、白色，釉色略显单调和呆板，与三彩高峰期的艳丽多彩、交融流淌的釉色相比逊色很多。人物俑造型亦中

李晦夫妇墓三彩小冠立俑

李晦夫妇墓三彩骑马俑

李晦夫妇墓三彩骑马俑

规中矩，没有仪态万千之感。这也是三彩俑早期工艺尚未完全成熟的表现。

节愍太子墓三彩女俑

节愍太子系中宗第三子李重俊。中宗共4子，韦皇后生懿德太子李重润，后宫生重福、重俊、重茂。神龙二年（706年）秋，李重俊被立为皇太子。因其为后宫所生，故为韦皇后与安乐公主所不喜和羞辱，重俊不胜愤恨，神龙三年（707年）七月，矫制发左右羽林兵及千骑，杀韦氏党羽武三思、武崇训等十余人，后兵士倒戈、溃散，重俊逃至终南山，为左右所杀。“诏诛首朝堂，献太庙，并以告三思、崇训柩。”（《新唐书》卷八十一、列传第六）睿宗即位后，为其昭雪，恢复其太子身份，并于景云元年（710年）陪葬定陵。

节愍太子墓在唐定陵陪葬墓中距定陵位置最近，封土也最大。因其墓被盗扰，考古部门1995年对其进行了抢救性清理发掘。节愍太子墓为多天井双室砖墓。随葬品多发现于壁龛、甬道、墓室和填土中。主要有谥册、哀册、陶俑、模型明器、

节愍太子墓三彩女立俑

三彩、瓷器、铜器、铁器、石器、玉器、金银器等。其中共出土三彩 20 件。修复完整者 15 件，分别为马 3 件、牵马俑 3 件、骆驼 1 件、男侍叉手俑 2 件、男立俑 2 件、女侍俑 4 件。

4 件女侍俑高度均超过 50 厘米，外形眉目清秀，高鼻小嘴，尖下巴。脸部丰满，微露双耳。头发上拢，结成“翻刀髻”。身穿黄色或绿色窄袖衫，其中两件在衫外着半臂，肩披褐色或深绿色帔帛。下身着拖地长裙，腰束带。足穿黄绿色尖头鞋或者露出鞋尖，下踏底板。其中 1 件女侍俑身着白绿相间竖条状拖地长裙。整体造型优美，动作自然。

唐代三彩俑

唐代盛行厚葬之风，作为低温铅釉的三彩釉陶器视觉效果华丽绚烂，符合唐人华丽的审美要求和社会礼仪规范，因此在两京地区初唐至盛唐时期墓葬中较为多见。唐三彩的常见类型大致可以分为四类：俑（包括人俑和动物俑）、器皿、模型、建筑构件。釉彩以黄、绿、褐为主，陕西地区出土的三彩在蓝色釉方面的运用要广于河南，

李晦夫妇墓和节愍太子墓出土的三彩俑作为三彩早期和辉煌时期的代表，是唐代三彩俑制作技艺不断提升的体现。从一开始人物形象较为呆板，色彩相对单一到出现体型较大的陶俑种类，且胎、釉优于一般陶器，做工考究。其工序主要为雕塑制模、合模成形、开相彩绘，釉色更加丰富多彩，釉面流淌均匀，色彩斑斓，尤其是开相工艺使得人俑面目更加生动、逼真。

身体各部位比例准确、整体协调，显示出高超的工艺水平。

除此之外，通过丝绸之路，着装奇特的胡人、胡姬带来了异域的审美倾向，对西方审美的吸收和融合在三彩俑上得到完美的表达。这些三彩俑不仅是当时政治规范与礼仪制度结合后出现的产物，也体现了人们对社会新风潮的追求。它们生动地构建了当时的生活情景，传递出唐代从容自信、充满朝气的美感意趣。尤其是这些身着窄袖服饰的女俑，半臂装束和翻领长袍都是异域胡服对中原社会着装时尚的影响。而三彩胡人形象的俑配合着墓葬所出的骆驼俑则真实反映出唐代丰富的物质文化和包容的时代特征。

随葬唐三彩的风气在玄宗朝开元后期渐渐衰弱，它的风起和退潮是唐朝政令和时局变化并伴随着丧葬习俗流变的结果。两京地区唐三彩在生产和流通两个方面都有其自身的区域特征，彼此之间又存在交流，这些三彩俑为学者研究唐代三彩制品的生产工艺、市场流通以及丧葬理念变迁提供了大量的实物资料。

（孙嘉怡　是江柳）

哀册

白玉载哀思

唐代哀册的不断发现，使我们对唐代哀册有了全面的认识，它是唐代册命制度的一个重要组成部分，体现了封建时代严格的等级观念，是唐代社会意识形态的反映，它的使用从侧面表现了唐代社会发展的整个历史进程。

古代用来歌颂帝王和后妃生前功德的韵文一般都书写于玉石木竹之上，行葬礼时诵读后埋于陵中。哀册即是将哀悼死者的祭文刻于册上。

唐以前，哀册似均用竹、木质为材料，易于腐烂，故出土实物甚少。自唐以后，册多以玉为之。唐代发现的所有哀册以及立册均为汉白玉，此可证明。

在唐代，因墓主身份高低之不同及政治地位尊卑之差异，在墓葬中有墓志、哀册、谥册等不同的埋葬。哀册的适用范围仅限于皇帝、太子、皇后等具有相当级别、一定政治地位的皇室贵族，体现了严格的封建等级观念。目前发现的唐代哀册大约38套，其中皇帝13套，太子8套，皇后13套，皇太后3套，另外在唐史思明的墓中也有哀册。哀册多与谥册伴出，但由于历史、政治等原因，往往不尽一致。

从目前所发现的唐代哀册来看，哀册上的文字多寡不一，数量不等，有的每册 10 字，有的每册 9 字，有的每册上的文字并非满写。结合唐让皇帝惠陵中出土的哀册以及节愍太子李重俊墓中出土的哀册特点，即每册满字 9 字。并且每段哀册两侧上下各有一圆形小穿孔，这些穿孔为将全部哀册的编缀提供了方便条件。

哀册一般放置于石函或木函之内。皇帝哀册多盛于石函中，目前考古发现的石函有 2 件，均出于唐僖宗靖陵，形制结构相同，上为盘形，下为

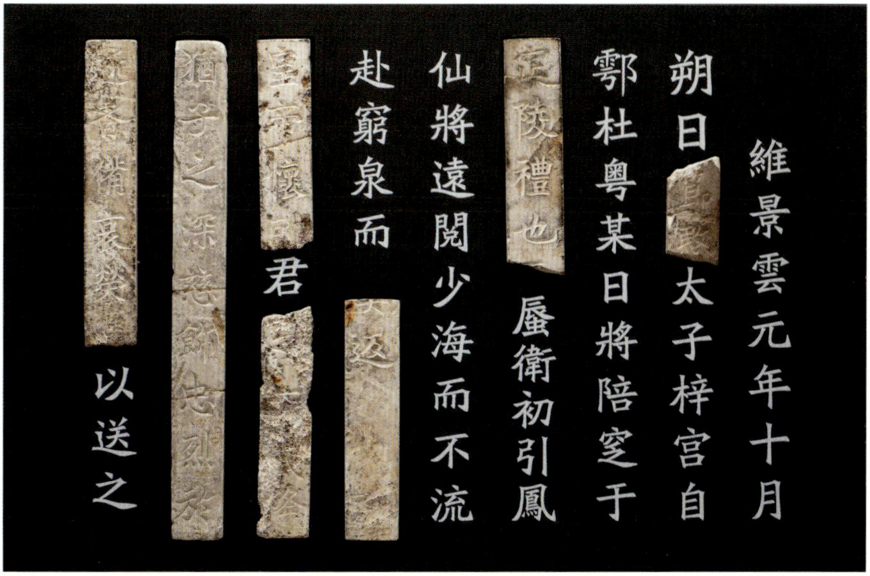

唐节愍太子谥册

壶门座。一为放置谥册，一为放置哀册。放置谥册的石函长 92 厘米，宽 62 厘米，高 17 厘米，座四周雕刻有壶门图案，正面三组，侧面两组。放置哀册的石函长 123.5 厘米，宽 78 厘米，高 18 厘米，其座上图案正面四组，侧面三组。出土位置在墓室中。而太子的哀册应该是放置于木函之内，在节愍太子墓的发掘过程中，在墓室发现有木质残痕。

除了哀册形制上的共同点，哀册里具体内容其实也有规律可循，唐代哀册的体例，始叙主人薨于某年、某月、某日、某地，再叙某年、某月、某日葬于某地，后以有韵的四、六字构成的文字为哀册的主要内容即哀辞。在文中多插有“呜呼哀哉”词句，以表达对死者的悲痛心情。哀册是死者下葬时宣读的最后一篇祭文，参考唐代各皇帝、皇后、皇太后之哀辞，其词句和格式基本一致，除了薨年、葬年之外，哀辞均以几联有韵的四六文组成。可见唐代的哀册文其体例是有一定的固定格式。

唐靖陵哀册

除此之外，哀册上的文字记载也能帮助考古

人员去判断墓主人的具体身份：

靖陵是唐僖宗李儇的陵墓，也是唐十八陵中年代最晚的一座，由于盗掘严重，唐僖宗靖陵出土的哀册仅残存3块，其中两块有字，其一刻“谢”字，另一块有“圣恭宀”三字，而文献记载唐僖宗谥号“惠圣恭定孝皇帝”，其中的“定”字是宝盖头，因此确定第三字为“定”，也由此确认了墓主为唐僖宗。

惠陵是唐睿宗嫡长子李宪和他的正妃元氏的合葬墓。李宪曾受封皇太子，但他将太子之位让给了三弟李隆基，所以，死后被玄宗追封为“让皇

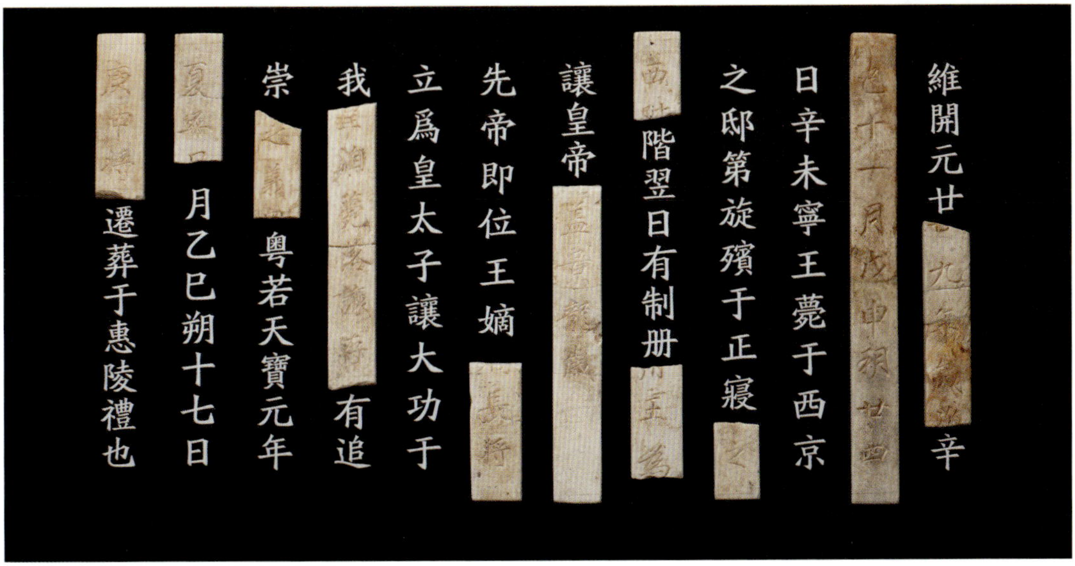

唐惠陵让皇帝哀册

帝”。唐惠陵是已发掘的盛唐时代等级最高的墓葬，它的形制完整，规模巨大，出土物丰富且规格高。陵墓中出土了一批汉白玉简，经整理、拼接后共计 110 块，这批材料分为四副：一为让皇帝哀册，二为恭皇后哀册，其余两副不见于文献记载。由于盗掘者的破坏，除 3 枚玉简残块拼接后尚可复原，余者皆不能连贯。在众多残简上有“让皇帝”“惠陵”“元氏”等字样，从而确定该处乃唐代让皇帝李宪夫妇的合葬陵墓——惠陵。

让皇帝哀册残简共计 63 件，玉质白净细腻，正反两面打磨光滑。完整玉简全长 28.6—28.8 厘米，宽 2.8 厘米，厚 1.2 厘米，满行 9 字。规整楷书阴刻而成，笔画较粗，遒劲有力，字迹描金，现大部分金粉已脱落。恭皇后哀册残简共计 22 件，玉质白净，质地略粗于让皇帝哀册，正反两面皆打磨光滑。玉简全长不明，宽 3 厘米，厚 1—1.1 厘米，与让皇帝哀册相比较宽而薄。楷书字体清秀，字迹描金，现金粉已部分脱落。

其中让皇帝哀册 8 号简书写了：“盖景龙岁先帝即位，王嫡长，将立为皇太子，让大功于我皇。洎薨落让存，有追崇之义”；在恭皇后哀册 12 号简书写了：“申将迁祔于惠陵礼”，“祔”有合葬之意，简文“迁祔”是说恭皇后元氏与让皇帝合葬。这些记载都足以对墓主人身份的证明提供有力证据。

唐代哀册的发现，从一个侧面为研究唐代册命制度提供了科学资料。中国古代册命制度源远流长，西周金文中，册命内容屡见不鲜，常见某年某月某日，王在某地作册如何。如师晨鼎中有“住（唯）三年三月初吉甲成，王在周师录官。旦，王各大室，即立（位九司马卞右师晨入门，立中廷。王呼作册尹令（命）师晨……”。到了唐代，册命制度更加完善，且不断细化，可见者有玉册、立册、哀册、祝册、追册、赐册、免册、谥册、赠册等。哀册的实物发现，不仅对其本身的使用范围、材质、规格、文体、编缀及置放方法有了详细的认识，同时，也为全面了解唐代册命制度以及系统研究中国古代册命制度及其发展演变历史提供了科学的资料。

唐代哀册的不断发现，使我们对唐代哀册有了全面的认识，它是唐代册命制度的一个重要组成部分，体现了封建时代严格的等级观念，是唐代社会意识形态的反映，它的使用从侧面表现了唐代社会发展的整个历史进程。

（孙嘉怡）

鸱吻

激浪降雨 以庆大祥

唐玄宗泰陵陵园出土的这件鸱吻地点明确，年代确定，造型精美，既是唐代鸱尾向鸱吻转变的重要实物证据，也是一件不可多得的高等级皇家文物。

我国一些高大的古建筑屋顶正脊两端通常有一对高高竖起的脊饰，名叫鸱尾，亦有蚩尾、祠尾、鸱吻等名称。学界一般认为在中唐时期其造型从简单的鳍尾演变为张着血盆大口的龙脸神兽，名称亦由鸱尾转变为鸱吻，这件文物表明鸱吻在盛唐时期就出现了。

这件鸱吻出土于陕西省蒲城县唐玄宗泰陵陵园城墙东南角阙遗址，为角阙顶部阙楼建筑屋脊上的大型脊饰，灰陶质地，中空一体烧制成型，部分表面纹饰为贴塑，出土时为残块，经拼对修复。这件鸱吻外观轮廓仍为卷尾上勾的鳍尾造型，顶部前端为带冠凤首，双目圆鼓，巨喙紧闭，整个头部极力前伸，显得极有气势。两侧鳍翼伸展，翼尖前伸，结合凤首更像展翅奋飞的双翅，翼翅内贴塑 6 枚圆形泡钉装饰。鸱吻底部与屋

鸱吻

唐（618—907）
通高80厘米
陕西省蒲城县唐玄宗泰陵出土

脊结合部为张口兽首形象，立体感强，上唇翻卷上竖，唇下两侧有一对鼻孔，兽口大张，口中上下各露出一对獠牙，双目鼓凸，两耳硕大，脸部饰有一圈鬣毛，气势雄壮。龙口内开一圆孔，用以和正脊连接，孔不甚圆，直径约 7 厘米。

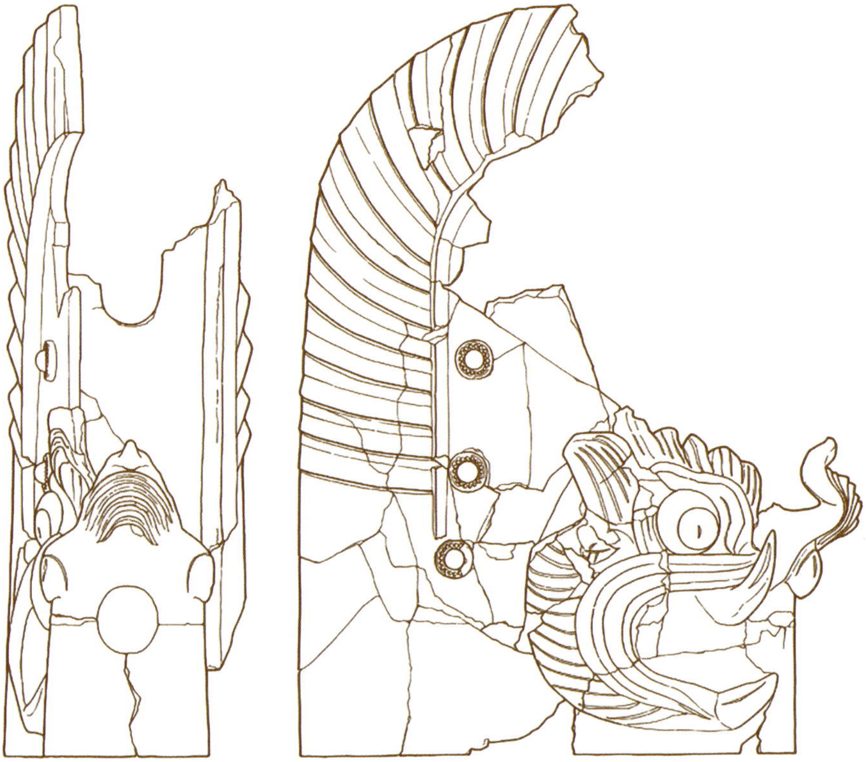

唐泰陵鸱吻线图

鸱尾的出现首先源自建筑结构上的必要性，我国古代房屋主要采用土木结构，屋顶两面坡的结合部就是屋脊，既是整个建筑最高、视觉效果最显眼之处，同时也是屋面防水的薄弱环节。早期屋脊采取板瓦垒叠的构造，瓦的缝隙仍然存在，因此在建筑结构上需要采用特殊构件加以覆盖装饰。考古发现，西汉到东汉前期的一些画像石和石牌坊上，除了瓦脊直接裸露外，也有使用瓦当封头的。在东汉后期的一些陶质明器上，屋脊两端出现明显翘起似角状的构造。1997 年发掘的西汉南越国宫苑遗址曾出土三件陶质建筑构件，残存尾部上卷部分，每绺上均划有梳篦纹，通体涂有朱砂，被认为具有鸱尾的特征。虽然史书没有详载这些建筑构件的名称，但观其位置和形态，说明具有脊端防水和一定装饰功能的鸱尾雏形在汉代已经出现了。

鸱尾的名称较早见于史册是梁沈约撰写的《宋书》，卷三十二中写道“晋孝武帝太元十六年（391）正月，鹊巢太极东头鸱尾，又巢国子学堂西头”。《宋书》中鸱尾共出现十次，有七次都在太庙或太极宫正殿之中。新旧《唐书》《唐会要》等文献中亦多次出现鸱尾、鸱吻之名，多与太庙、陵寝、殿宇相关。关于鸱尾与建筑等级之间的关系，《陈书》卷三十一《萧摩诃传》载：“旧制三公黄阁听事置鸱尾，后主特赐摩诃开黄阁，门施行马，听事寝堂并置鸱尾。”在魏晋之后鸱尾与皇室及高等级建筑产生密切联系，成为反映礼制和建筑等级的重要载体。

鸱尾的形状在一些石刻和壁画上有所体现，大同云冈石窟北魏时期的第九、第十窟内所雕刻建筑顶部的鸱尾狭长弯曲，表面无装饰，呈反卷尾状。敦煌莫高窟北魏第二五七窟南壁说法图上的建筑壁画，可能是源自绘画和雕刻技法的差别，鸱尾则显得轻盈灵动，更像大幅弯曲的羽毛。邺城博物馆展出的北齐鸱尾则呈现完整的鸟尾羽造型。南北朝在我国历史上是一段分裂的时期，但文化和民族融合却非常繁荣，鸱尾的样式大致呈尾状或羽尾状，其装饰性更为突出。

隋唐时期的鸱尾外形高大、挺拔，唐睿宗桥陵南门西侧门阙出土的大

鸱尾

唐（618—907）
通高88厘米
2008年蒲城唐桥陵南门西阙出土

型鸱尾鳍部变窄并且上竖前翻，鳍条排列整齐，尾尖前指，仍然不脱尾部造型，但实在难言更像鱼尾还是更像鸟尾。泰陵出土的鸱吻相较桥陵鸱尾，底部增加了吞脊龙脸的造型，顶部尾尖变为鸟首，头顶有冠，虽然名称还和鸱鸢一类的猛禽有关，实际上更类似凤凰等神鸟了。有学者认为鸱尾到鸱吻的转变可能受到佛教摩羯鱼形象的影响，摩羯鱼本为古印度神话里的海中巨兽，被认为是水精、水神，其突出特征为兽首鱼身，兽口大张，卷鼻、凸目，和泰陵鸱吻的形象有相似之处。

鸱尾的文化内涵历来众说纷纭，古人认为蚩是一种海兽，翘起尾巴能高过头部，所以也称为蚩尾。唐代苏鹗在《苏氏演艺》中提道："蚩者，海之兽也。武帝作柏梁殿，有上疏云：蚩尾，水之精，能辟火灾，可置之殿堂。今人多作鸱字。"这一说法多少有些牵强附会，不过也反映出在唐代人们为鸱尾在建筑功能、装饰功能之外赋予了"激浪降水，以厌火祥"的寓意。

总体来看，鸱尾这一建筑构件，首先源自其在传统建筑中的功能性需要，其外观与汉人对建筑屋面反宇的设计理念和崇尚曲线、灵动的审美观有一定的联系。在发展过程中很可能兼收并蓄了汉地凤鸟崇拜以及南方吴越风俗，形成了鸟羽状外观以及水精辟火的内在含义。随着建筑技术和理念的发展，这一建筑构件在屋脊天际线上占据了越来越重要的地位，成为礼制和等级的象征。鸱尾的形象在漫长的历史进程中从单纯的功能性构件和简单反卷尾部形象过渡到装饰性更强的羽尾，再到隋唐时期更加端庄肃穆的鳍尾造型，在盛唐时期又演变为更具视觉冲击力的双头吻兽，展现出一种极力伸展、吞张的昂扬气势。

（张博）

彩绘胡人牵驼俑组合

从大漠驼铃走向盛世大唐

骆驼俑体高大，昂首挺胸，双峰。其眉目、双颊、双耳以黑线描出轮廓后再涂彩绘。驼伕呈站姿，身体基本直立，略显僵硬、缺少动感，应该是属于长安地区胡人俑发展的成熟期偏早时段。

2018 年 5 月，考古部门在咸阳市渭城区周陵街道豆家村西北抢救性发掘了一座唐武周时期的墓葬。该墓为斜坡墓道多天井单室土洞墓，平面呈南北向刀把形，坐北向南，由墓道、2 个过洞、2 个天井、4 个壁龛、土坯封门、甬道、墓室等部分组成。墓葬内出土的彩绘陶俑是此次考古发掘的重要发现，尤其是胡人牵驼俑组合和胡人牵马俑组合，俑体高大、色彩如新、刻画细致、造型逼真。

胡人牵驼俑共有两组，出土于第一天井西壁下的壁龛内。现场清理时发现壁龛形制保存完整，土坯封门牢固，无坍塌或盗扰现象。龛内文物倾倒、叠压严重，但基本可确定出原始摆放位置。文物表面色彩鲜艳，仅覆盖有少量干燥淤土。保存环境的封闭性、干燥性，是彩绘文物保存如此之好的

彩绘胡人牵驼俑组合

唐（618—907）
牵驼俑高50厘米，骆驼俑高80厘米
2018年咸阳渭城区豆家村唐墓出土

彩绘陶牵驼俑（局部）

关键因素。

骆驼为泥质红陶，头部、腹部、四腿分体合范模制，然后粘接成型，体内中空。骆驼俑体高大，昂首挺胸，双峰。其眉目、双颊、双耳以黑线描出轮廓后再涂彩绘。双眼有神，睫毛弯而翘。腹部微鼓，四腿站立于方形薄踏板上。

驼伕呈站姿，身体基本直立，略显僵硬、缺少动感，应该是属于长安地区胡人俑发展的成熟期偏早时段。随后胡人俑姿势则更为多样，常见胡俑身体扭动呈 S 形。手势一致，作牵缰状，头微抬，目视前方。虽为静止的站立状态，但从人物、骆驼的面部来看，似乎又是动态。而同时期墓葬壁画中胡人牵驼图像则是某个动态的瞬间表现，驼伕一般侧身前行，双脚一前一后，身后骆驼四蹄迈开，两者之间以缰绳连接。

唐代国力强盛、文化包容、贸易繁荣，吸引着众多域外人士。因此，境内活动着不少胡人，有蕃将与文职人员、使臣或朝贡者、胡商、译语人、马伕、驼伕、御手、歌舞乐伎、侍从等。这些人物形象不仅在文献、诗文中有大量记载，在墓葬壁画、石刻、陶俑中亦常有发现。壁画中的胡人牵驼形象多绘制在过洞和天井下，也有绘制在墓道东西两壁出行图中。内容为一人一驼，俑作牵拉状，驼背上多装载货物，作前行状，朝向墓道口方向。遗物中发现的胡人牵驼俑分布区域多在墓室内，高度从 20 到 70 厘米不等。制作时人俑为合模制作，骆驼为分体制作。人物形象以男性为主，面部特征各异。此次发现的陶俑出土时已倒塌在壁龛内，但可判断最初状态应该

是分别侧身站立在骆驼前方，面向龛外。其面部特征与中原汉人明显不同，其中深目高鼻、多须髯者此前发现较多，或是出现在墓葬壁画的乐舞图中，或是出现在牵马图中，可能属于中古时期善于营商的中亚粟特人。而凸眼、高颧骨、狮子鼻、厚唇者多以驼伕的形象出现，面部特征近昆仑奴，但肤色略白、披发，与同时期的壁画中昆仑奴卷发黑肤特征不一致。推测是在陶俑制作过程中，为了随葬遗物材料的一致性，所以对其肤色没有特别表现，而面部特征则进行了真实刻画。两位驼伕刻画细致的面部特征，为我们了解和研究外来人群的族属提供了重要的参考资料。

在骆驼俑的身上可以看出革带的印迹，还有青铜痕迹，说明原本存在有机质的革带或是铜器类的装饰，这与在现场发现大量制作精细的各种形

唐咸亨四年（673）善达墓道东壁胡人牵驼图

状的鎏金铜饰是相符合的。从革带、鎏金铜饰等物品可以判断驼背上原来是存在载物架和物品的，由于其材质易朽，所以没有保存下来。结合上述线索，可以想象原来龛内可能是两位衣着鲜艳的驼伕牵着装饰华丽、满载货物的骆驼。从制作工艺上，他们可彰显墓主人的身份地位；作为随葬品，反映了当时社会的普遍思想和追求。即胡人牵驼俑或与墓主本身的生活没有直接关系，但却是当下流行的随葬品。两位驼伕属于不同族群的人种，同出的马伕亦是如此，将他们集中在一座墓葬里面，说明来华外族人之多，借此可窥其社会角色、身份地位和生存方式。

（赵占锐）

青釉花口盏

雨过青天云破处

耀州窑青瓷薄胎工艺、满釉小钉垫烧工艺及底足露胎处的美化处理，都被汝窑、南宋官窑等所继承发扬，因此耀州窑天青釉类瓷器的创烧是中国青釉类瓷器工艺发展史上的极为重要的一环。

这件青釉花口盏呈五曲花口造型，胎体呈灰白色，釉色天青，釉面光润青雅，有冰裂纹，盏内底部有贴塑，为凸起的飞鸟（一或说飞鸾），若动若静，意趣无穷。是五代时期耀州窑薄胎青瓷中的精品。

唐代耀州窑的青瓷产品质量参差不齐，到了五代时期制瓷技术有了极大提升，造就了耀州窑生产史上的第一个工艺高峰。归纳起来，其主要特征如下。第一，以青灰、天青釉为代表的呈色系列，特征为釉色青灰为主，天青或淡青、粉青为其精品，釉质温润，有玉质感，与宋代玻璃质感强、青绿泛黄的橄榄绿青瓷特征又有所不同，是一种略带乳浊的滋润含蓄风格。第二，唐代耀州窑多为筒匣钵或无匣钵叠烧，施半釉或仅露足，而最晚在五代时期，出现了施满釉裹足、M 形匣钵单件装烧的配套工艺，显著提高

青釉花口盏

五代（907—960）
口径13.5厘米，高5厘米
陕西省铜川市黄堡耀州窑遗址出土

了产品质量。第三，薄胎瓷器开始出现于五代晚期至宋初，最薄者壁厚不足2毫米，成为中国陶瓷史上最早的薄胎青瓷。

薄胎瓷能够首先出现于中国北方，缘于其原料的特性。河北地区优质的高铝低硅胎料，耐高温且可塑性强，不易变形。同处北方的耀州窑，近似的原料特性，使其烧制薄胎青瓷成为可能。耀州窑的薄胎青瓷是其工匠们广泛吸取了越窑、邢窑乃至定窑先进窑艺技术基础上创烧的。此外，他们还开创了杯内印花技术、碗内素胎模印贴塑技术、碗内罩釉模印贴塑技术。其中贴塑是将模制好的飞鸟、飞蝶、乌龟、小鱼等动物形浮雕贴在盏或杯等的内底心或器盖的面上进行点缀装饰的技艺。

唐宋时期的金银器出现了大量多曲的口沿造型，这一风潮也影响了当时陶瓷器的设计。这件天青釉盏五曲花口造型便是金银器材质特性与锤揲工艺在瓷器上的再现。借助于内模法，使得瓷器的金银器造型仿制工艺得到了极大提升。内模法是用泥土制成器物的内部形状焙烧成模或用传统的拉坯技术拉制与内模形状大小相似的坯体，将其扣合在内模外，或直接将厚薄均匀的泥片贴合覆盖在模子上，既可借助模子成型，又可获得精致准确的内壁线条，最终可以形成极为逼真的仿金属锤揲棱线痕迹。多曲分瓣的造型改变了传统圆口器皿单一性的局面，极大丰富了耀州窑瓷器产品的面貌。

五代以来耀州窑的天青釉瓷器按胎土可分为青灰胎、灰白胎、浅灰胎三类。在 10 世纪中期到 11 世纪初之间，天青釉瓷器产量开始大增，其中以灰白胎天青釉瓷占比最多，青灰胎天青釉瓷次之，浅灰胎天青釉数量较少。而灰白胎天青釉瓷胎釉含钾量都高于其他品种。经过科学检测，部分样品釉中氧化钾的含量已经达到钙 - 碱类釉的范围，这也是目前为止最早的钙 - 碱类青瓷釉。钾含量的提高有利于青瓷釉呈现出青蓝色调的效果，所以烧制的成品能够呈现出“青如天”的粉青或天青色。

用“天青”形容釉色，最早见于周密《武林旧事》卷七：“淳熙六年三月十五日……又别剪好色样一千朵，安顿花架，并是水晶玻璃、天青汝窑金瓶”。但大量以“天青”形容釉色，是明清文献中论及柴窑时，但柴窑何所在一直是学界争议的学术课题之一。有陶瓷研究专家对耀州窑不同文化层的瓷片进行深入对比，结合科学检测研究结果，并结合史料，提出了五代时期的黄堡窑即耀州窑就是周世宗时期柴窑的观点。明曹昭《格古要论・柴窑》记载：“出北地，世传柴世宗时烧者，故谓之柴窑。天青色，滋润细媚，有细纹，多足粗黄土，近世少见。”明谢肇制的《五杂俎》记有：“陶器柴窑最古……盖色既鲜碧，而质复莹薄……世传柴世宗时烧造，所司请其色，御批云：‘雨过青天云破处，这般颜色做将来。’”张应文的《清秘藏》记有：“论窑器必曰柴、汝、官、哥、定。柴不可得矣，闻其制云：‘青如天，明如镜，薄如纸，声如罄。”以上史籍皆论及“柴窑器出北地河南郑州”，专家认为“出北地”的记载是正确的，但是“河南郑州”的记载属于增补后叙。据史书记载，北地郡的实地包括三原、耀州、富平、同官等地，在此地望内，仅有五代时期黄堡窑即后来的耀州窑是烧造瓷器的。

五代时期的耀州窑天青釉类瓷器开创了一种瓷器审美的新风尚，在东北、内蒙古地区的辽、金贵族墓葬都有耀州窑青瓷的出土，这些青瓷的来源或为通过五代对契丹的贡奉或贸易流入辽境。这些青瓷目前仅出现在达官贵人的墓葬中，印证了耀州窑的薄胎青瓷在辽金时期属于高档商品系列。其薄胎工艺、满釉小钉垫烧工艺及底足露胎处的美化处理，都被汝窑、南宋官窑等所继承发扬，因此耀州窑天青釉类瓷器的创烧是中国青釉类瓷器工艺发展史上的极为重要的一环。让我们再细细端详这件天青釉色的花口盏，可以想见古人在其内斟酒或倒茶之后，水光粼粼下盏底的（鸾）鸟状若展翅飞翔，充满了一种“枕上诗书闲处好”的雅趣。

（是江柳）

骊山石铭文敦

考古先驱的奥秘

吕氏家族墓地共埋葬吕氏嫡系家族成员5代人29座墓。墓葬中共计出土各类文物774件（组），以瓷器、铜器、石器为主，出土的众多墓志与《宋史》等文献资料相得益彰、互辅互补。

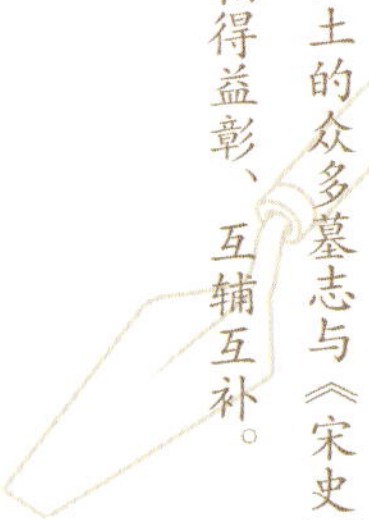

嗟乎吾弟任重 / 而道远者夫 / 宋左奉议郎秘 / 书省正字吕君 / 与叔石敦元祐八 / 年癸酉十一月辛 / 巳从兄大圭铭

总共43字的楷书铭文錾刻于一件尘封近千年的骊山石敦上，该器盖顶正中为云头状提手，顶面呈半球形，敦身为直口，方唇，短领，球腹，圜底，下置兽足三个，腹上部置对称双耳。青灰色石，质地疏松，器表面抛光。

2006年秋，西安市公安局成功侦破了一起文物盗窃走私案，人赃俱获，收缴文物129件，均为宋代瓷器和古代青铜器，据犯罪嫌疑人交代，该批文物出土于蓝田五里头村村北桃树园中的古墓内，在盗掘中犯罪嫌疑人曾注意到墓内所葬墓志铭上錾刻“大宋承务郎”等字样，这从一个方面证明

骊山石铭文敦

北宋（960—1127）
通高23.5厘米
陕西省蓝田县吕氏家族墓园M2出土

该墓可能为宋代墓葬。

2008 年 6 月，考古部门于五里头村北 300 米的桃树林中挖下了考古发掘的第一锹土。从那个时候起，村北沿的一户农家小院就成了考古队员的家，他们不分冬夏寒暑、节日假期，不辞辛苦、早出晚归，甚至披星戴月地努力工作，终于在 2011 年元月完成了所有田野考古发掘任务，经过科学的考古发掘工作，确定了蓝田五里头村的古代墓葬群为北宋关中名门吕氏家族的墓园。

墓园形制呈南北向倒置酒瓶状，入口开于西南端，周围环绕兆沟，兆沟宽 5 米、深 1.7 米左右，沟内引西侧河水注入形成水流环绕之势，故兆沟既为墓园边界，也是护卫墓园的基础保障，同时还有排水防涝功能。家庙位于墓园入口之北，属吕氏族人祭祀场所。居于墓园中轴线中部的神道是连接家庙与墓葬群的唯一通道，道旁两侧排列石像生。墓葬群位于墓园北部正中，自南向北横向分为 4 排，辈分明确、长幼有秩，形式多样，在北宋已发掘的墓葬中具有特殊性。共埋葬吕氏嫡系家族成员 5 代人 29 座墓。墓葬中共计出土各类文物 774 件（组），以瓷器、铜器、石器为主，出土的众多墓志与《宋史》等文献资料相得益彰、互辅互补。

北宋中晚期关中名门吕氏家族，原为汲郡即今河南新乡或卫辉市人，后因其祖吕通于北宋中期赴长安为官，途经蓝田爱其山水而举家迁于现蓝田桥村定居。吕通墓志云，吕家先祖为殷人姜尚，封地于汲郡，国号吕，故又名吕尚。太公归周改封齐，其子孙入齐者姜氏，留汲者为吕氏。秦、

骊山石铭文敦

汉至隋唐以来，吕氏一门书香传家、世代官宦，五代时同为一祖，后派而为三，号三院吕氏，其中后周广顺中名臣户部侍郎吕咸林号广顺侍郎院，乃吕通祖父。北宋中期，吕通入陕后，其子孙亦颇有建树，特别是“大”字辈成员在政界与文坛皆取得骄人成就，吕大防志向高远，胆略过人，为哲宗时期有为宰相，《宋史》留传。吕大临，字与叔，是吕蕡的第五个儿子，自幼聪颖好学，先后跟随的老师都是北宋著名儒学大家张载和程颢、程颐，学有大成，又考取了进士。但此人生性淡泊名利，喜欢钻研学问。学成回归乡里后，志在教化百姓，曾“杜门十年，以讲学自乐”，号芸阁先生。并在理学、金石学、古器物学领域的研究中颇有建树，所编纂《考古图》一书奠定了中国古器物学之基础。礼部侍郎兼侍讲范祖禹曾向皇帝举荐：“大临是大防之弟，修身好学，形如古人，臣虽不熟识，然知之甚久，以宰相之弟，故不敢言。陛下素知臣不附执政，又臣已乞外任，故不自疑，望陛下记其姓名，以备他日选用。”宋哲宗元祐年间，年近五旬的吕大临方出仕为官，初任太学博士，又迁秘书省正字。秘书省是古代专门管理国家藏书的中央机构，秘书省正字相当于在国家档案馆、图书馆从事文字勘正工作，后朝廷正准备提拔时大临却染病不治身亡。其长兄大忠、三兄大钧皆在碑石学研究领域造诣深厚，是西安碑林创始人。更难能可贵的是，吕氏兄弟关心民生，曾带领百姓兴修水利造福乡里，并在家庙中开学授课教化百姓，所著《吕氏乡约》乃中国第一部民间自发的倡导伦理、规范道德、约束行为的乡间共守准则。

所以蓝田吕氏深得当地民众爱戴，被后世百姓敬之为神灵。北宋灭亡后政治中心转移，中原地区大批贵族随之南下，蓝田吕氏家族中精英亦南迁而去，墓地停止使用，由远房宗亲看守照管。留下的吕姓成员或为远亲，或地位低下，或财力不足，千年来他们仍然繁衍生息于桥村，成为古今吕氏一脉相承的鲜活凭证。这种千年来居住点与墓地距离近、关系明确，亲情延续不断的家族在国内尚为首例。

敦最早见于战国时期，乃青铜礼器之一。宋代文人倡导复古，关中吕氏首当其冲，以言谈举止尊崇古礼著称，葬事中亲朋睦友多赠仿古石礼器既表哀悼又全古礼，器上往往錾刻铭文简述亡人职官、阅历、与己关系以寄托思念。本次考古发掘中 M2 未见墓志出土，也许是早年被盗而遗失，也许墓内根本没有墓志。众多随葬品中仅有从兄吕大圭赠予吕大临的一双仿古石敦，腹壁上錾刻大临官职、字号及赠器时间。正是这些铭文，成为墓葬主人是北宋金石学家吕大临的重要依据。

（刘思哲）

青瓷簋

士人墓葬之礼

青瓷簋并不是追求对古器物的绝对模仿，而是选择古器物上的不同元素进行组合后模仿，是一种再创造活动，达到仿古的同时又与之保有距离，或许这正是吕氏家族士大夫修养德行的重要体现。

青瓷簋，盖、身合为一套，盖提如圈足，可倒置为盘；簋身大腹而呆，腹旁两耳，耳端饰龙首，圈足。釉色青灰，光亮。灰胎，细腻致密。通体饰多重瓦棱纹，口沿上下、足外墙均饰划花“回”形纹一周。北宋耀州窑产品。

青瓷簋出土于蓝田吕氏家族墓园吕英与妻王氏合葬墓，此墓为一座双人同穴同椁单棺合葬墓。青瓷簋位于椁内西侧中部，王氏木棺西侧，倾斜于地，并且碎为多片，簋口方向有一堆骨渣，有火烧熏痕，红色漆皮残迹一地，故推测骨渣原应敛于簋内，簋纳于漆盒中，漆盒已朽毁，骨渣应属吕英遗骸，簋则应为盛放吕英遗骸之器。吕氏家族墓园为吕氏家族五代人的安魂之地，吕英墓位居第一代吕通墓的正后方，坐落于墓园中轴线上，

青瓷簋

北宋（960—1127）
通高17.4厘米，腹径21.4厘米
陕西省蓝田县吕氏家族墓园吕英与妻王氏合葬墓M9出土

是为第二代，吕通的嫡长子。据吕英墓志载，吕英于北宋皇祐二年（1050）五月，遇疾以卒，终著作佐郎，享年五十有六，嘉祐六年（1061）九月初葬于京兆之蓝田玉山乡李村原，后于熙宁七年（1074）九月庚申改葬于太尉原。关于改葬原因，其弟吕蕡的墓志载："骊山西原道险非计，当迁于平易地，使世世不以葬劳人。"后人大忠、大防、大钧、大临等谨遵遗命，于熙宁七年择新茔于太尉之阳，吕英墓也于同年迁葬。

耀州窑是北宋青瓷名窑，其率先开创的橄榄绿釉刻印花青瓷，堪称北方青瓷的翘楚。陆游《老学庵笔记》载："耀州青瓷器谓之越器，以其类余姚秘色也。"吕氏家族墓园吕英墓出土的青瓷簋，是北宋耀州窑橄榄绿青釉瓷中的精品，其造型凝重敦厚、流畅的弧线与犀利的瓦棱纹相结合，温婉之余又刚劲有力，两耳所饰龙首栩栩如生，跃然眼前，实为"巧如范金，精比琢玉"；通体施橄榄绿青釉，青绿中泛微黄、匀净透明、晶莹润泽、玻璃质感强，正可谓"视其色，温温如也"。

吕氏家族墓园出土的仿古礼器有簋、敦、鼎等，以石制品占绝大多数，瓷质仿古器皿唯吕英墓青瓷簋一件。该簋模仿西周晚期青铜簋形制，是专为丧葬而定制的礼器。北宋时期关中盛行张载"关学"，提倡礼制、崇尚古礼，丧祭冠婚的仪式也追求恢复三代之礼。吕英侄吕大钧、吕大忠、吕大临等皆投于张载门下，是关学的重要代表人物。吕大临所著《考古图》中将敦类器物列为簋属，材质方面，"上古以瓦，亦谓之土簋。中古始用金"。如此，或可解释吕英墓仿古青瓷簋为瓷质的原因；在使用阶层方面，

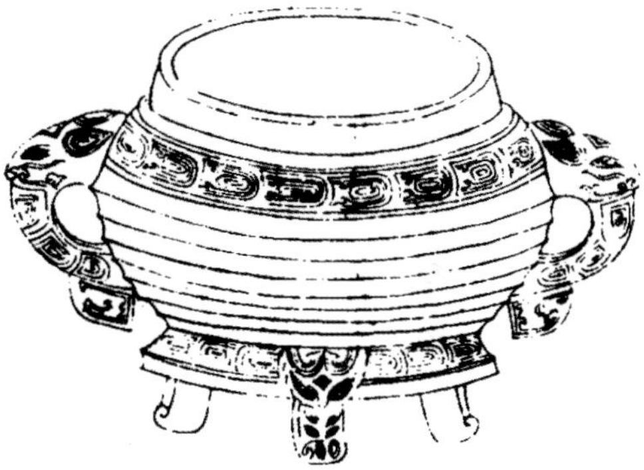

吕大临《考古图》中收录的己丁敦（左）与伯庶父敦（右）

“周人以簋为祭器，乃以有虞氏之敦为用器，‘士丧礼’用器两敦。士大夫祭器则有之，以文为贵，则贵者用文，而贱者用质，故‘士丧礼’朔月奠用瓦敦”。由此可见，以仿古青瓷簋为葬具既与吕氏一族提倡礼制、尊崇古礼的家风十分相符，也符合吕英的士大夫身份，体现了吕氏族人生前身后追慕三代之礼的践行，可谓士人墓葬之礼，故该簋既是礼器也是实用葬具。

将青瓷簋与吕大临所著《考古图》中收录的器物对比，可得青瓷簋的形制与己丁敦相仿，纹饰则与伯庶父敦相似，故推测或许吕氏在向耀州窑定制此簋时给工匠提供了《考古图》中的古器之样。但是，青瓷簋并不是追求对古器物的绝对模仿，而是选择古器物上的不同元素进行组合后模仿，是一种再创造活动，达到仿古的同时又与之保有距离，或许这正是吕氏家族士大夫修养德行的重要体现。吕氏家族墓园出土耀州窑瓷器近 200 件，约占全部瓷器的 55%，其中青瓷几乎全部产自耀州窑，并且其窑场在地理位置上距吕氏家族所居蓝田较近，因此，青瓷簋定制于耀州窑合乎情理。

北宋末年靖康之变，宋室南渡，大量宫廷礼器，尤其是徽宗时精研制作的大批“新成礼器”皆“府库畜积，为之一空”。建炎三年（1129）金兵奔袭高宗赵构驻跸的扬州，仓皇逃跑的赵构将幸存各种礼器乃至祖宗神像、牌位“悉委弃之”。经此两次事件，北宋宫廷礼器丧失殆尽，而且在建炎三年（1129）还发生了“苗刘之变”。因此，南宋初期的当务之急便是恢复和完备各种制度和秩序，尤其是礼乐制度，来稳固政权，即“凡营居室必先建宗庙，凡造养器必先修祭器”。基于经济、时间、精力以及现况的考虑，南宋初年开始以《三礼图》《宣和博古图》为样本烧制瓷质仿古礼器。《宋会要辑稿》载：“（绍兴）十四年七月八日，上谕宰执曰，国有大礼，器用宣称，如郊坛须用陶器，宗庙之器，亦当用古制度。”因此，在吕英墓青瓷簋出土之前普遍认为宫廷瓷质仿古礼器的使用要晚到南宋，而吕氏家族吕英墓出土的青瓷簋则表明民间瓷质礼器的使用在北宋时期就已经开始。

《郊庙奉祀礼文》载：“庆历七年……今伏见新修祭器改用匏爵、瓦登、瓦罍之类，盖亦追用古制，欲乞祭天神位。……故扫地而祭，器用陶匏，席以藁秸，因天地自然之性。”这表明北宋仁宗庆历七年（1047）新造的祭祀礼器中就有陶瓷礼器，以体现“贵本尚质”。而吕英墓青瓷簋的出现

台北故宫博物院藏定窑白瓷簋

台北故宫博物院藏南宋官窑青瓷簋

朱夏墅宋墓出土簋式炉

也印证了瓷质礼器在北宋中后期就已使用这一史实。台北故宫博物院收藏有两件仿古瓷簋，其中定窑白瓷簋与吕英墓青瓷簋造型十分相似，为北宋晚期定窑产品，另一件为南宋官窑青瓷簋。此外，常州市朱夏墅宋墓出土有一件青瓷簋式炉，造型典雅，具有典型龙泉窑的特征，墓志记载随葬时间为南宋咸淳辛未（1271），此时已到南宋末年，说明终南宋一代应始终有瓷质仿古礼器的烧制和使用。

（李燕）

玉壶春瓶

月照流水水如光

小园日日狂风雨。几阵桃花红去。
惟有绿窗朱户。春色常如许。
歌声屡唤飞云驻。销得行人且住。
倒尽玉壶春露。醉到无愁处。
——管鉴《桃源忆故人》

李居柔墓玉壶春瓶，小喇叭口，细长颈，椭圆腹，矮圈足，圈足内有墨书痕。月白釉，光亮润泽。灰白胎，细腻坚硬，属于金代耀州窑产品。与玉壶春瓶伴出的有两件青瓷盅、一件青瓷委角长方盘，此四件恰是一套酒具。

金代李居柔墓为竖穴墓道砖券墓，平面呈甲字形，坐西朝东，由墓道、墓门、墓室三部分组成。墓室在打开之前未经盗扰，玉壶春瓶在墓中的位置为墓室前厅中部偏西北，瓶口朝南倾倒于地，其东侧斜靠一件钧瓷碗，两件瓷盅滚落于该碗内，委角长方盘位于玉壶春瓶东北方向，盘内有两个圆形扣痕，其大小与两件青瓷盅的口径一致，说明这两件青瓷盅原应扣置在委角长方盘内。此外，在墓室后部棺床的西南、西北两角各立一件梅瓶，

玉壶春瓶

金（1115—1234）
口径5.1厘米，最大腹径13.0厘米，足径8.4厘米，高30.5厘米
西安市雁塔区观音庙村李居柔墓出土

李居柔墓出土瓷器

一件为茶叶末釉，另一件为褐釉，封口，瓶内有液体，液体透明，微黄，稍浑浊，应为酒浆，此两件梅瓶同型，亦同为耀州窑产品。

耀州窑是北方青瓷的源头和翘楚，唐代创烧，北宋时青瓷工艺达到鼎盛，开创橄榄绿釉刻印花青瓷，刻花遒劲犀利，印花工谨雅致，金代时青瓷继续保持高水平发展，烧成了浑圆敦厚、温润如玉的月白釉瓷。月白釉虽称之为“月白”，却属青釉瓷，是一种介于白釉与青釉之间的一种釉色，这种釉色主要模仿玉石的质感，体现“白为上”釉色美的同时又有强烈的乳浊感，釉中的大量气泡和一定量晶相的存在是导致月白釉呈现乳浊感和色浅的主要原因。李居柔墓玉壶春瓶，白里泛青、青中藏绿、绿中隐黄，釉厚如堆脂，透玉石光泽，呈现出一种“月照流水水如光”诗意般的朦胧美。但是，如果细品又会有“月白风清，忧患凋零”之感，这或许与当时山河异域，耀州窑归入金国疆域的特殊时代背景有关。耀州窑月白釉瓷深受金代贵族和上层阶级的喜爱，如北京丰台区金代窝论女真贵族墓就出土有两件耀州窑月白釉碗、两件月白釉錾耳洗。

《中国古陶瓷图典》中介绍玉壶春瓶的形制为“撇口，细颈，垂腹，圈足”。东汉至唐代出现了几种近似于玉壶春瓶的瓶式，但均不是标准意义上的玉壶春瓶。宋、辽、金时玉壶春瓶蓬勃发展，在形制上呈现出多种类式，但其主流是向修长、协调、线条优美的方向发展。李居柔墓玉壶春瓶，细长颈从颈下端向上自然敞开，上大下细，而并非口沿外撇，是为细直颈

玉壶春瓶

瓷盅

式玉壶春瓶，此类细直颈式玉壶春瓶流行于金代中晚期，一直延续到元代。玉壶春瓶发展到元代时，一种标准器型开始大量出现，口部变大，颈部变细长，呈现出一种流畅平滑却又不失变化的弧线美感，之后便再无较大变化。

关于玉壶春瓶名称的由来，唐代司空图《诗品二十四则·典雅》中有诗句：“玉壶买春，赏雨茆屋；坐中佳士，左右修竹。”是否将“玉壶买春”引申为玉壶春一词的来历，不得而知。“玉壶春”三字作为组合词最早出现在唐代，岑参《首春渭西郊行，呈蓝田张二主簿》：“闻道辋川多胜事，玉壶春酒正堪携。”是酒名还是器名，亦不得而知，但皆与酒有关。关于饮酒器具的组合形式，在唐、辽、北宋时主要是注子、酒碗、盏托、劝盘、梅瓶等，金代李居柔墓出土玉壶春瓶、两件瓷盅、一件委角长方盘、两件梅瓶，一套瓷质酒具组合，则表明最迟在金中晚期时，玉壶春瓶已经开始代替注子成为酒具组合中作为中转之用的倒酒器，而梅瓶则没有较大变化，一直作为盛酒器。

金代饮酒之风盛行，宋人楼钥使金至中都路大兴府所见“道旁数处卖

委角长方盘

酒”，金代榷货之目就包括酒、曲。墓主人用玉壶春瓶、两件瓷盅、一件委角长方盘，一套耀州窑生产的精品酒具随葬，且墓室后部棺床上所置的两件梅瓶中还盛有酒浆，这都表明了墓主人对饮酒的喜爱。但是金代末期，战乱不断，饮食物资严重短缺。《归潜志》中记载“崔伯善有肉不餐，要餐也没；王从之无花不饮，不饮即休”，表明金代末期已经出现了无肉可食、无酒可饮的情况。根据李居柔墓中买地券上的文字记载，李居柔为金代资政大夫，曾任陕西东路转运使行六部尚书，葬于金正大三年（1226）。资政大夫为文官正三品，陕西东路是金代陕西东部最高一级行政区划，转运使行六部尚书是地方最高行政长官。正大三年，河东、河西已经被蒙古占领，正大六年（1229）京兆府就被蒙古占领。墓主人生前作为正三品文官，陕西东路的长官，死后以酒具和酒相随于地下，也正说明了在国家危亡之时酒的珍贵程度以及墓主人对酒的喜爱。

（李燕）

青釉狻猊出香熏炉

祥风吹晓动帘旌　香袅狻猊几缕青

狻猊出香……上为蹲兽，下有仰莲以承之，诸器唯此物最精绝。

——徐兢《宣和奉使高丽图经》

这件北宋耀州窑青釉狻猊出香熏炉以精妙绝伦的造型艺术和清澈透明的釉色工艺，完美诠释了耀州窑青瓷的旷世之美，展现了北宋士人生活的雅致之趣。

五座迁葬于北宋宣和五年（1123）的孟氏家族墓葬发掘出土随葬品130余件（组），尤以其中三座墓葬出土的60余件耀州窑青瓷器较为精美。这些瓷器中又以M12孟珪墓和M13孟琮墓出土的两件套青釉狻猊出香熏炉最是精绝罕见，此件系M12孟珪墓出土。

北宋耀州窑青釉狻猊出香熏炉一套2件，由盖、身两部分组成，出于墓室中部偏北，主体为模制，加以轮制兼手工修整。盖纽模塑狻猊蹲兽，

青釉狻猊出香熏炉

北宋（960—1127）

通高29.7厘米，狻猊纽盖高17.5厘米，炉身高12.2厘米

陕西省西安市长安区杜回村北宋孟氏家族墓地M12孟珪墓出土

青釉狻猊出香熏炉

炉身塔基底座如莲花绽放般。狻猊昂首端坐，似狮子形，“八”字粗眉紧蹙，怒目鼓睛，龇牙咧嘴，张口吐舌，鼻孔圆张，作凶猛状体态。额顶两侧叶耳翻卷，下颏垂一绺长须，毛发卷曲披颈，刻画细腻流畅。胸前贴塑项圈，项圈两侧配饰四朵缨络，胸口正中垂挂一个铃铛，右胸侧刻画细鬃。前肢肌肉线条流畅，挺拔健壮，右前肢微收，脚爪踩绶带绣球。尾巴呈蕉叶状翘起，紧贴脊背上。后腿自然屈膝，臀部着地蹲踞于盖顶上。腹腔中空，炉中燃香之气可从狻猊口中缭绕飘出。炉身由上、下两层构成，上层在炉体周壁贴塑有双层仰莲瓣花饰托起炉腹。炉腹子口，宽折沿，尖圆唇，腹

青釉狻猊出香熏炉狻猊纽盖

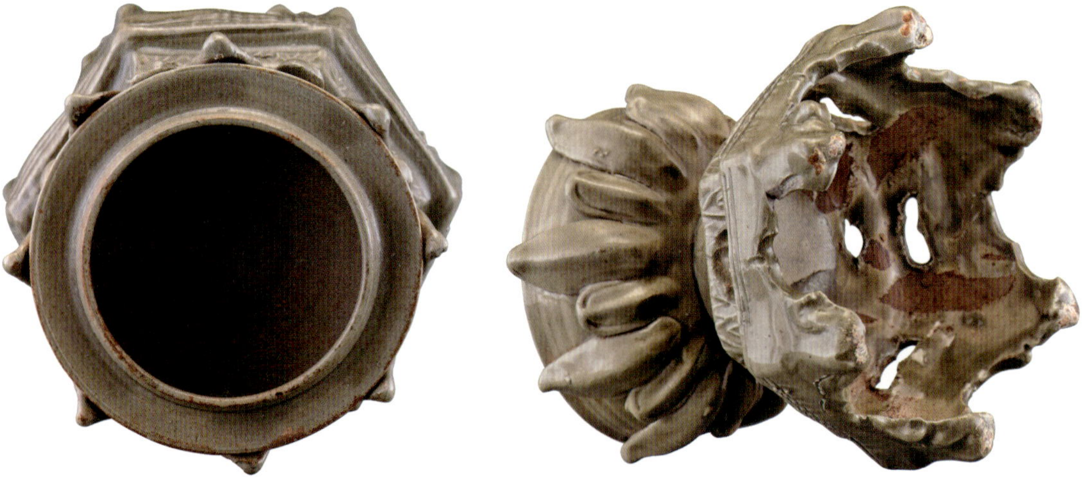

青釉狻猊出香熏炉炉身

底矮柱足与下层底座连成一体。莲花瓣托叶圆肥丰满，每层八瓣，大小叶瓣相间排列，大叶瓣略高出折沿，使整个炉体犹如盛开的莲花花蕊。下层底座以等距六蹄足为支撑叠涩三层，呈六棱镂空塔基状，六足间及座棱间呈镂空简易壸门形，第一、二层基座棱间刻饰弦纹。狻猊纽盖及炉身外壁通体施青绿釉，釉层浅薄明亮，釉面多冰裂纹，闪玻璃光泽。盖纽内壁亦施薄釉，盖沿底及狻猊腹腔露灰胎，腹腔局部有流釉痕。炉腹内壁亦露灰胎，基座底内侧足棱间露浅灰胎，胎质密实坚硬，足底有支垫剥釉痕。

北宋徐兢《宣和奉使高丽图经》载：“狻猊出香……上为蹲兽，下有仰莲以承之，诸器唯此物最精绝。”可见北宋时即有“狻猊出香”之称谓。狻猊为“龙生九子”中的第五子，因好静喜烟，因此常用来装饰香炉。明代陆容《菽园杂记》载：“金猊，其形似狮，性好火烟，故立于香炉盖上”。狻猊出香熏炉至迟在中晚唐开始出现，如陕西铜川黄堡窑出土陶熏炉、西安曹氏墓（876）与河南偃师杏园李郁墓（843）出土石熏炉均为狻猊形盖。宋代时，狻猊出香熏炉广为流行，当时诗词中多有描写，如李清照《凤凰台上忆吹箫》："香冷金猊，被翻红浪"，周必大《二老堂杂志·大宴金狮子》："香袅狻猊杂瑞烟，于彩仗雪残鸩鹊"。宋代熏炉有瓷、石、金属等多种材质，就瓷质狻猊出香而言，许多窑口都有生产，如耀州窑、磁州窑、吉州耀、越窑等，其中北宋孟氏家族墓出土的两件熏炉为耀州窑精品。此外，其流行之风还影响到了高丽，前文提到北宋徐兢所描述的便是高丽青瓷狻猊出香。

（苗铁飞）

蒲城洞耳蒙元壁画墓

色彩艳艳 见证民族融合

洞耳蒙元壁画墓为蒙古族夫妻合葬墓，竖穴土圹台阶式墓道、砖券顶，墓室犹如蒙古族的“毡帐”。

蒲城洞耳蒙元壁画墓，建造于蒙古国至元六年（1269），最早于1998年就曾进行过考古发掘，当时由于技术及经济等多方面的原因，发掘者在采集完资料后，对墓葬做了精心的封堵，采取了保护性回填。二十年后，随着国家的发展，中国考古在各方面均有了长足的发展，在壁画揭取方面也积累了丰富的经验。2018年，考古部门决定对洞耳蒙元壁画墓再次进行考古发掘，并在发掘结束后，对墓葬进行了整体搬迁。

洞耳蒙元壁画墓，位于陕西省渭南市蒲城县紫荆街道洞耳村西部果园地内。该墓为蒙古族夫妻合葬墓，竖穴

洞耳蒙元壁画墓地理位置

戏花童子

献酒壮行图

夫妇并坐图

洞耳蒙元壁画墓墓室壁画全景展开图

洞耳蒙元壁画墓彩绘

土圹台阶式墓道、砖券顶，墓室犹如蒙古族的“毡帐”，全长约 8.96 米。修筑方式是先在地表开挖长方形墓道和边长约 2.2—2.4 米的近方形墓圹，墓圹和墓道间挖凿土洞与之畅通，再在墓底以八边形制起筑穹窿顶砖室和券顶甬道，墓室后部砌出棺床，最后在甬道和墓室各壁绘制壁画。

壁画绘制技法是先在甬道和墓室砖壁涂敷厚约 0.3—1.1 厘米的掺麻白灰层，待白灰层抹光打匀凝固后再描绘壁画。壁画绘制上采取了墨线勾勒、色彩敷染的技法，色料有红、黄、黑、粉、

洞耳蒙元壁画墓后壁夫妇并坐图

洞耳蒙元壁画墓醉舞迎归图

赭红、淡蓝等，部分画中人物面庞及器物等线描轮廓有修改痕迹，以此推知，正式作画前应有墨线初稿，敷彩后定稿完成绘画。

墓顶正中天窗部位露出砌墓青砖，天窗四边分绘白色柿蒂形图案，其余无图案部分以淡墨刷涂，外侧如意云头，均为仿蒙古毡帐样式。下部相间分布戏花童子与火焰宝珠各 4 幅。黑色帷幔悬挂于彩绘阑额之上。

墓室直壁壁画为墓葬主体内容，由四部分组成。墓室北壁绘制“夫妇并坐图”，墓主夫妇微侧身并坐于屏风前，分别背靠一黑色圈木椅上。男

洞耳蒙元壁画墓献酒壮行图

主人头戴折沿披红缨暖帽，面颊丰满，眉目含笑，唇上和颏下蓄须。身着淡蓝色交领左衽束袖长袍，腰腹系扎红色抱肚，足蹬红色筒靴。左手触膝，右手轻拽衣襟，双脚置于椅前黑色足踏上。女主人头顶“顾姑冠”，面庞方圆，眉分八字，身着红色左衽束袖覆足罩袍，右手置膝，左腕轻搭于圈背交椅的扶手上，足下置黑色脚踏。墓主身后立一黄色单扇大屏，屏底两侧装置斜向云头旋雕站牙。屏框内里分作三区段：顶部嵌一幅水墨画，绘有寒山荒木，皴皴点点，饶具情致，腰部为荷花荷叶图案的面板，下部为一大方素面面板。屏风顶部正中压边踩线勾出一方形粉色伸出顶壁的板框，框内墨书款识题记：“大朝国至元六年岁次巳巳（推测为“己巳”笔误），娘子李氏云线系河中府人，张按答不花系宣德州人，祭主长男闫童悉妇，二月清明日闭穴蹑个真。”西北壁绘一男侍立于男主人身后，手持骨朵；东北壁绘一女侍立于女主人身后，手捧木盒。西壁和西南壁合为一幅“献酒壮行图”，内容表现的是庭前临行奉酒饯别的场面；东壁与东南壁合为一幅“醉归乐舞图”，内容表现的是男性墓主人醉酒欲归、随侍乐舞相娱的场面。墓室南侧为墓门，上部自起拱处刷出拱形红彩粗边，再以红彩在两侧封边，以黑色细线加框，内绘御荷双飞雁，两侧墨绘忍冬卷草纹。甬道内亦绘有壁画，东壁绘“停舆图”，西壁绘“放牧图”，显示出游牧因素。

蒲城洞耳蒙元壁画墓地处关中渭北地区，墓主为蒙元初期北方移民，该墓形制及壁画内容多受到内蒙古东南、晋中地区同期墓葬的影响，并且与陕北地区蒙元墓具有较多的相似性。蒲城洞耳壁画墓为陕西地区发现的蒙元壁画墓中最靠近西安地区的墓葬，但也仅仅到达关中北部，并未真正进入到关中元代墓葬的中心区西安周边。

（苗轶飞）